クイズでスポーツがうまくなる
知ってる？
ハンドボール

はじめに

走《はし》る、ジャンプする、投《な》げる ハンドボールは究極《きゅうきょく》のボールスポーツ

ハンドボールの魅力《みりょく》は何《なに》か？　こう聞《き》かれたときに真《ま》っ先《さき》に頭《あたま》に浮《う》かぶのは小《しょう》学生時代《がくせいじだい》に感《かん》じたことです。「ボールを投《な》げるのが楽《たの》しい」「ジャンプしてのシュートがかっこいい」…楽《たの》しくて、かっこいい。単純《たんじゅん》な理由《りゆう》ですが、それがハンドボールを好《す》きになるきっかけでした。

走《はし》ること、ジャンプすること、投《な》げること。ハンドボールには運動《うんどう》に必要《ひつよう》な要素《ようそ》がすべて詰《つ》まっています。加《くわ》えてカラダのぶつかり合《あ》いもあるので、究極《きゅうきょく》のボールスポーツと言《い》ってもいいかもしれません。それだけ高《たか》い運動能力《うんどうのうりょく》が求《もと》められるため、体力的《たいりょくてき》にきつい部分《ぶぶん》もあるかもしれませんが、むずかしいからこその面白《おもしろ》さもあります。この本《ほん》ではハンドボールがうまく、楽《たの》しくなるための技術《ぎじゅつ》をシュート、パス、ディフェンスとプレーごとに紹介《しょうかい》しているので、ぜひ参考《さんこう》にしてください。

また、スポーツを楽《たの》しむためにはルールを知《し》ることも大切《たいせつ》です。クイズ形式《けいしき》で楽《たの》しくルールを学《まな》ぶことができる構成《こうせい》になっています。

この本《ほん》を通《つう》じてハンドボールのことを知《し》って、もっともっと好《す》きになってください。好《す》きになることが上達《じょうたつ》への近道《ちかみち》になります。

水野裕矢《みずのゆうや》

この本《ほん》の使《つか》い方《かた》

この本《ほん》では、ハンドボールをするときに、みなさんが疑問《ぎもん》に思《おも》うことや、うまくなるためのコツ、練習《れんしゅう》のポイントなどをクイズ形式《けいしき》で紹介《しょうかい》していきます。初級《しょきゅう》から上級《じょうきゅう》まで、問題《もんだい》レベルが一目《ひとめ》でわかるようになっています。ぜひ、上級問題《じょうきゅうもんだい》にも答えられるように挑戦《ちょうせん》してみてください。

この本《ほん》のキャラクター
ハンドボーイ

問題《もんだい》と答《こた》えのマークについて

クイズのマークです。初級《しょきゅう》、中級《ちゅうきゅう》、上級《じょうきゅう》に分《わ》かれています

00の答《こた》え

クイズの解答《かいとう》です

そのほかのマークについて

[ヒント]

問題《もんだい》のヒントです。問題《もんだい》がむずかしいときは見《み》てください

[なんで？]

正解《せいかい》の理由《りゆう》、疑問《ぎもん》に思《おも》うポイントをくわしく解説《かいせつ》しています

[ポイント]

実際《じっさい》のプレーでいかせるワンポイントアドバイスです

[トライ]

実際《じっさい》のプレーにいかすために、やってみてほしい練習《れんしゅう》です

[用語説明《ようごせつめい》]

ハンドボールの専門用語《せんもんようご》を解説《かいせつ》しています。用語《ようご》は140ページのさくいんでも調《しら》べられます

[OK]

動作《どうさ》やプレーのいい例《れい》です

[NG]

動作《どうさ》やプレーの悪《わる》い例《れい》です

もくじ

問題番号《もんだいばんごう》の上《うえ》にある
マークは、各問題《かくもんだい》の
難易度《なんいど》を示《しめ》しています

初 …初級《しょきゅう》
中 …中級《ちゅうきゅう》
上 …上級《じょうきゅう》

第《だい》3章《しょう》 シュート

第《だい》4章《しょう》　ディフェンス

第《だい》5章《しょう》　ゴールキーパー

第《だい》1章《しょう》

ハンドボールって どんなスポーツ？

自分《じぶん》にあったプレーを見《み》つけるために

楽《たの》しむためにも競技《きょうぎ》のことをよく知《し》ろう

ハンドボールはチームで行《おこな》うスポーツです。カラダが大《おお》きい選手《せんしゅ》、小《ちい》さい選手《せんしゅ》、走《はし》るのが速《はや》い選手《せんしゅ》、遅《おそ》い選手《せんしゅ》…チームにはいろいろなタイプの選手《せんしゅ》がいると思《おも》います。たとえ不《ふ》得意《とくい》なことがあっても、何《なに》か一《ひと》つ得《とく》意《い》なことがあれば、かならず活躍《かつやく》できる場所《ばしょ》があります。自分《じぶん》にあったポジションやプレーを見《み》つけるためにも、ハンドボールがどんなスポーツなのか、理解《りかい》することは大切《たいせつ》です。

シュート、パス、ドリブルに加《くわ》えて、カラダとカラダのはげしいぶつかり合《あ》いもハンドボールの魅力《みりょく》の一《ひと》つ。そのはげしさにも、守《まも》るべきルールがあります。よりハンドボールを楽《たの》しくプレーするために、競技《きょうぎ》のことをよく知《し》りましょう。

問題《もんだい》

初級《しょきゅう》

01

ハンドボールってどんなスポーツ?

下《した》の文章《ぶんしょう》のなかの□に数字《すうじ》を入《い》れて正《ただ》しい文章《ぶんしょう》にしてください。

【問題文《もんだいぶん》】

ハンドボールはゴールキーパー（GK）1人《ひとり》とコートプレーヤー（CP）□人《にん》からなるチーム同士《どうし》が、手《て》によるドリブル、パスでボールをつなぎ、相手《あいて》のゴールにボールを投《な》げ入《い》れた得点《とくてん》を競《きそ》い合《あ》い、多《おお》く得点《とくてん》したほうが勝《か》ちとなります。

1 4人《にん》　2 6人《にん》　3 8人《にん》　4 10人《にん》

\ヒント/ hint

サッカーはGK 1人《ひとり》＋フィールドプレーヤー10人《にん》の11人《にん》で1チームですが、ハンドボールのコートはサッカーよりもだいぶ小《ちい》さいです。ということは人数《にんずう》も…。

答《こた》えがわかったらページをめくってね

01の答《こた》え

▼ 2

6人《にん》

なんで

GK1人《ひとり》＋CP6人《にん》の計《けい》7人《にん》で1チームです

１チーム７人《にん》で行《おこな》いますが、ベンチには14人《にん》まで入《はい》ることができます（大会《たいかい》によってことなる場合《ばあい》もあり）。サッカーやバレーボールなどと違《ちが》って、ハンドボールは選手交代《せんしゅこうたい》が自由《じゆう》で何回《なんかい》でも認《みと》められています。ただし、メンバーチェンジの際《さい》に試合《しあい》が止《と》まることはないので、素早《すばや》い選手交代《せんしゅこうたい》が求《もと》められます。また、だれとだれが代《か》わってもいいので、ＣＰとＧＫの交代《こうたい》も可能《かのう》。どうしても得点《とくてん》がほしい場面《ばめん》では、ＣＰを７人《にん》にすることもあります。

何回《なんかい》でも選手交代《せんしゅこうたい》できるから
ぼくも試合《しあい》に出《で》られるかな!?

これ知《し》ってる？ 小学生《しょうがくせい》は3《スリー》ピリオド制《せい》

大人《おとな》の試合《しあい》は30分《ぷん》の２《ツー》ピリオド制《せい》で行《おこな》われていますが（中学生《ちゅうがくせい》は25分《ふん》）、小学生《しょうがくせい》の試合《しあい》では８分３《ぷんスリー》ピリオド制《せい》が導入《どうにゅう》されています。

問題《もんだい》
初《しょ》級《きゅう》
02

ゴールの大《おお》きさはどれくらい？

【問題文《もんだいぶん》】
ハンドボールのゴールはあるスポーツのゴールと同《おな》じ大《おお》きさです。
そのスポーツとはなんでしょうか？

1 フットサル

2 アイスホッケー

3 ラクロス

ヒント
hint

フットサル、アイスホッケー、ラクロス、使用《しよう》するボール（パック）の大《おお》きさが、ハンドボールの大《おお》きさと近《ちか》いスポーツを考《かんが》えれば答《こた》えもわかるはずです。

答《こた》えがわかったらページをめくってね

02の答《こた》え ▶ 1 フットサル

コートの大《おお》きさもフットサルと同《おな》じ

ゴールの大《おお》きさは縦《たて》2m×幅《はば》3mでフットサルとまったく同《おな》じです。コートの大《おお》きさもフットサルと同《おな》じ。ゴールやコートの大《おお》きさは小学生《しょうがくせい》も大人《おとな》と同《おな》じです。ちなみにアイスホッケーのゴールは縦《たて》1.2m×幅《はば》1.8m、ラクロスのゴールは縦《たて》1.83m×幅《はば》1.83mです。

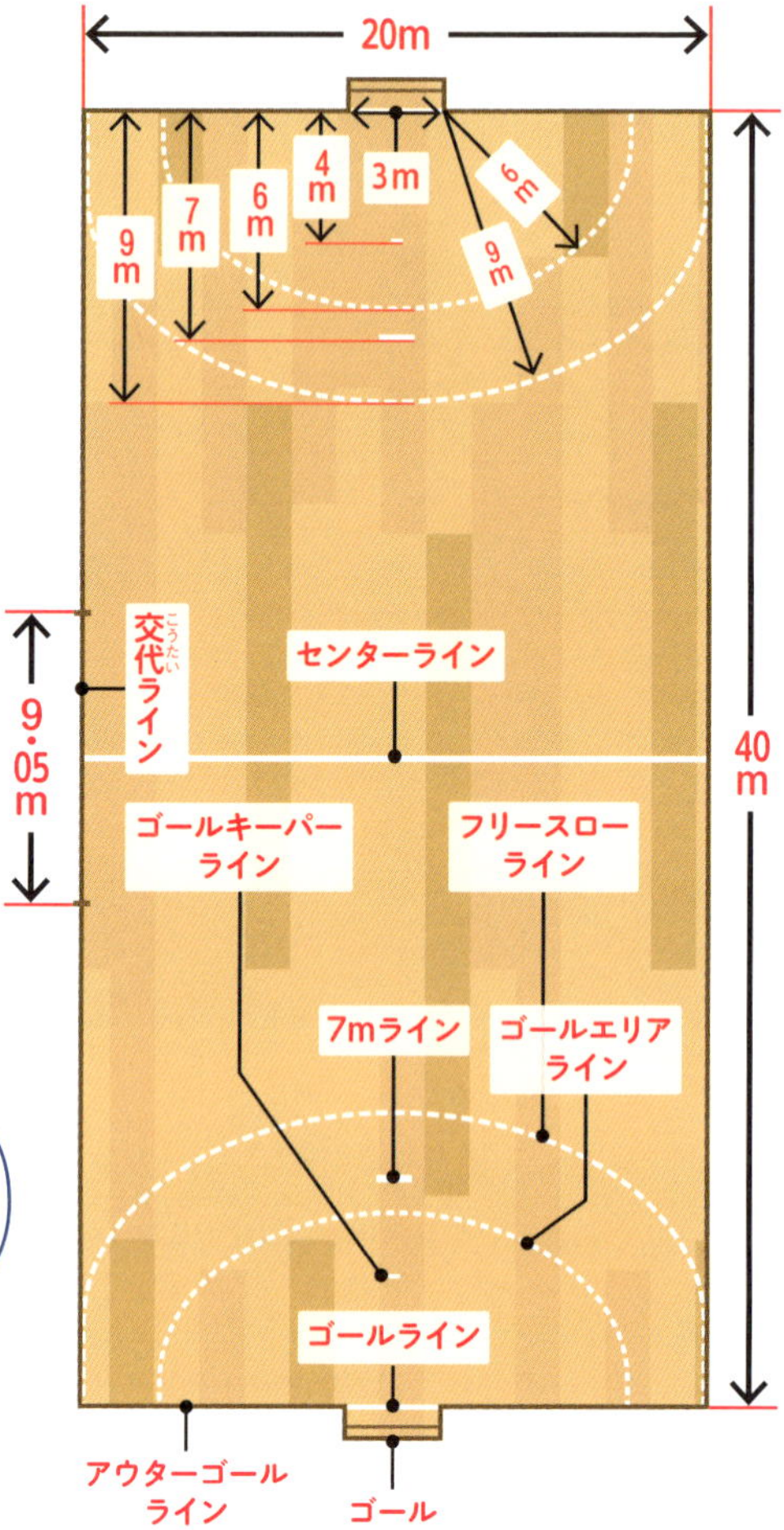

これ知《し》ってる？ ボールの大《おお》きさは違《ちが》う

コートの大《おお》きさもゴールの大《おお》きさも大人《おとな》と小学生《しょうがくせい》は一緒《いっしょ》です。しかし、ボールの大《おお》きさは違《ちが》います。小学生《しょうがくせい》（高学年《こうがくねん》）は１号球《ごうきゅう》（写真右《しゃしんみぎ》。直径《ちょっけい》16㎝）を使用《しよう》。最近《さいきん》は低学年用《ていがくねんよう》として０号球《ごうきゅう》（写真左《しゃしんひだり》。直径《ちょっけい》15㎝）もできました。高校生以上《こうこうせいいじょう》の男子《だんし》は３号球《ごうきゅう》（直径《ちょっけい》19㎝）、中学《ちゅうがく》生《せい》と高校生以上《こうこうせいいじょう》の女子《じょし》は2号球《ごうきゅう》（直径《ちょっけい》18㎝）を使用《しよう》。

第1章 ハンドボールってどんなスポーツ？

問題 03 初級から

ポイントが高いのは
どちらのラインから打った
シュートでしょうか？

 7mライン

 フリースローライン

バスケットボールには2ポイントシュートと3ポイントシュートがありますが、ハンドボールはどうでしょうか？

03の答《こた》え ▼ どちらも1点《てん》

なんで

得点《とくてん》はどこからシュートしても1点《てん》

フリースローライン、7mライン、ゴールエリアラインと、ゴールからさまざまなきょりのラインがありますが、どこからシュートしても得点《とくてん》は1点《てん》です。

これ知《し》ってる？ シュートはゴールエリアの外《そと》から

どのきょりからのシュートでも得点《とくてん》は1点《てん》。だとしたら近《ちか》くからシュートしたほうが入《はい》りやすいので絶対《ぜったい》にいいのですが、攻《こう》撃側《げきがわ》のシュートはゴールから6m離《はな》れたゴールエリアラインの外《そと》からとルールで決《き》まっているので注意《ちゅうい》が必要《ひつよう》です。

初級《しょきゅう》 問題《もんだい》 04

ゴールエリアラインのなかに入《はい》れるのは？

1. 3秒以内《びょういない》ならだれでも入《はい》れる
2. GKだけ
3. GKとCP 1人《ひとり》までならOK

ゴール前《まえ》をみんなで守《まも》ったら
シュートは止《と》められそうだけど、
いいのかな？

ヒント
hint

ゴールのすぐ近《ちか》くまでいったらシュートは簡単《かんたん》に入《はい》ります。逆《ぎゃく》にゴール前《まえ》を全員《ぜんいん》で守《まも》ったらシュートは入《はい》りません。ということは？

答《こた》えがわかったらページをめくってね

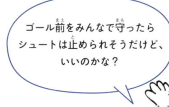

04の答《こた》え

▼ 2

ＧＫだけ

なんで

ＧＫ以外《いがい》が入《はい》るのは反則《はんそく》

ゴールエリアラインのなかに入《はい》れるのはＧＫだけです。攻撃側《こうげきがわ》の選手《せんしゅ》がラインのなかからシュートするのは反則《はんそく》。守備側《しゅびがわ》の選手《せんしゅ》が攻撃《こうげき》を止《と》めるためにこのラインのなかに入《はい》ってブロックするのも反則《はんそく》です。15ページの写真《しゃしん》のようにＣＰがゴールエリアラインのなかで壁《かべ》をつくるのも当《とう》然反則《ぜんはんそく》になります。なお、ＧＫはゴールエリアラインの外《そと》に出《で》てプレーすることもできます。

攻《せ》めるときも守《まも》るときも
ゴールエリアラインのなかに
入《はい》れるのは GK だけだよ

問題《もんだい》 05
中級《ちゅうきゅう》

左利《ひだりき》きの人《ひと》に向《む》いているポジションはどこでしょうか? ○数字《すうじ》で答《こた》えてください。

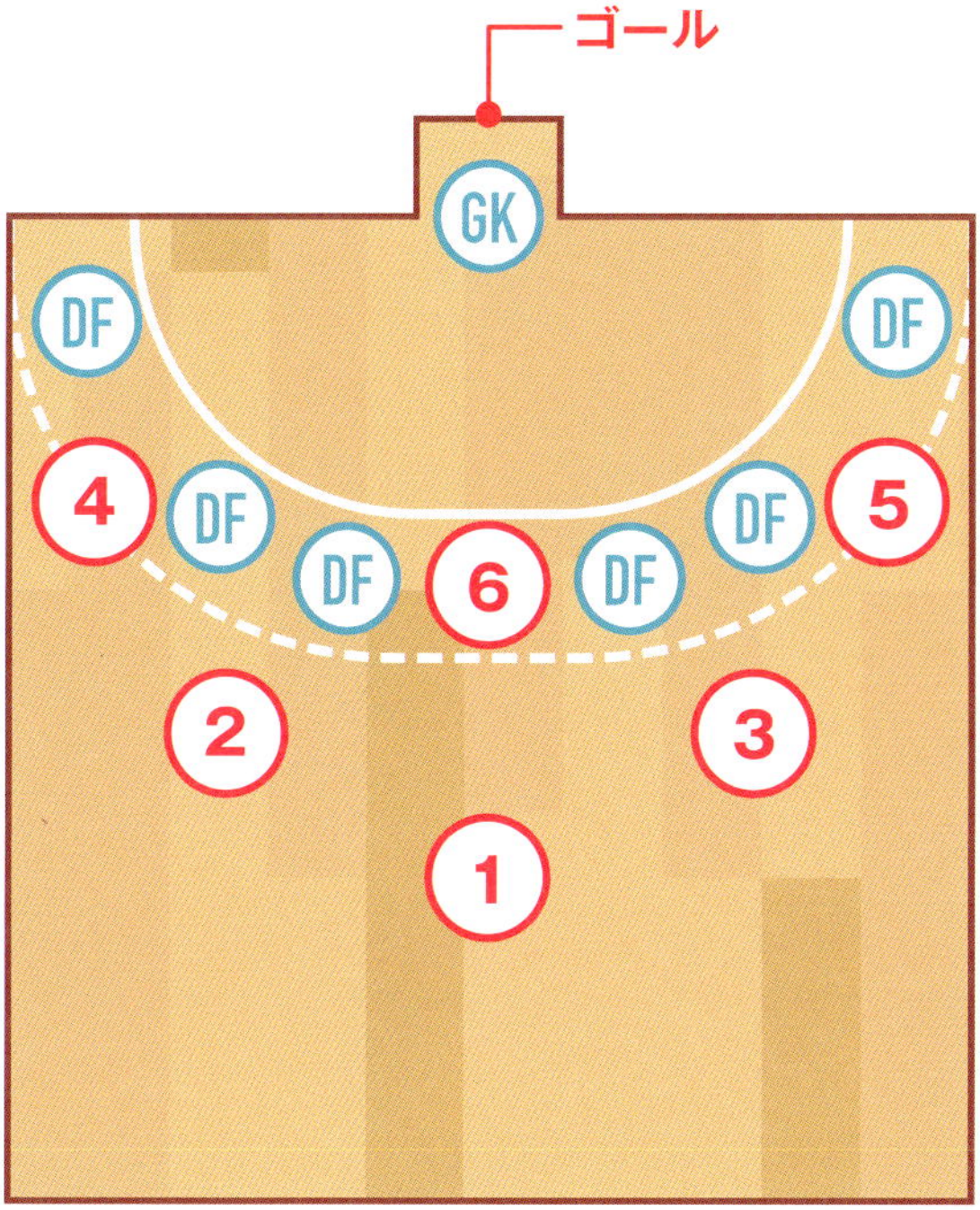
ゴール
GK
DF
DF
4
DF
DF
6
DF
DF
5
2
3
1

DF ディフェンスする（守備《しゅび》を行《おこな》う）相手選手《あいてせんしゅ》

真《ま》ん中《なか》が目立《めだ》ちそうだから
ぼくは①か⑥がいいな

ヒント hint

答《こた》えは一《ひと》つではありません。左利《ひだりき》きの人《ひと》がゴールに向《む》かってボールを投《な》げやすいのはどこの場所《ばしょ》か考《かんが》えてみましょう。

答《こた》えがわかったらページをめくってね

05の答《こた》え

▼ ③と⑤

なんで

利《き》き手《て》によって
ポジションを
考《かんが》えることも
大事《だいじ》だね

シュートもパスもしやすいから

③はライトバック、⑤はライトサイド（ライトウイング）と呼《よ》ばれるポジションで、ゴールに向《む》かって右側《みぎがわ》のポジションになります。ここに左利《ひだりき》きの選手《せんしゅ》が入《はい》ると、右利《みぎき》きよりも角度的《かくどてき》にゴールに向《む》かってボールを投《な》げやすいため、有利《ゆうり》になります。チームに左利《ひだりき》きの選手《せんしゅ》がいない場《ば》合《あい》はもちろん右利《みぎき》きの選手《せんしゅ》が入《はい》っても問題《もんだい》はありません。左利《ひだりき》きの選手《せんしゅ》がいる場合《ばあい》は、よりプレーがしやすいライトのポジションでプレーするといいでしょう。

OK! ○

ゴールに向《む》かってボールを投《な》げやすい

△

ゴールに向《む》かってボールを投《な》げにくい

POINT

パスを受《う》けてなかに切《き》れ込《こ》んでシュート

▲ボールを受《う》けてからなかに切《き》れ込《こ》んでシュートをねらう。ゴールへの角度的《かくどてき》に左利《ひだりき》きの選手《せんしゅ》だと、ＧＫの右側《みぎがわ》、左側《ひだりがわ》、どちらにも投《な》げやすい

そのほかのポジションとその特徴《とくちょう》

▶ポストプレーヤー
前線《ぜんせん》で攻撃《こうげき》の起点《きてん》をつくる攻撃側《こうげきがわ》の選手《せんしゅ》

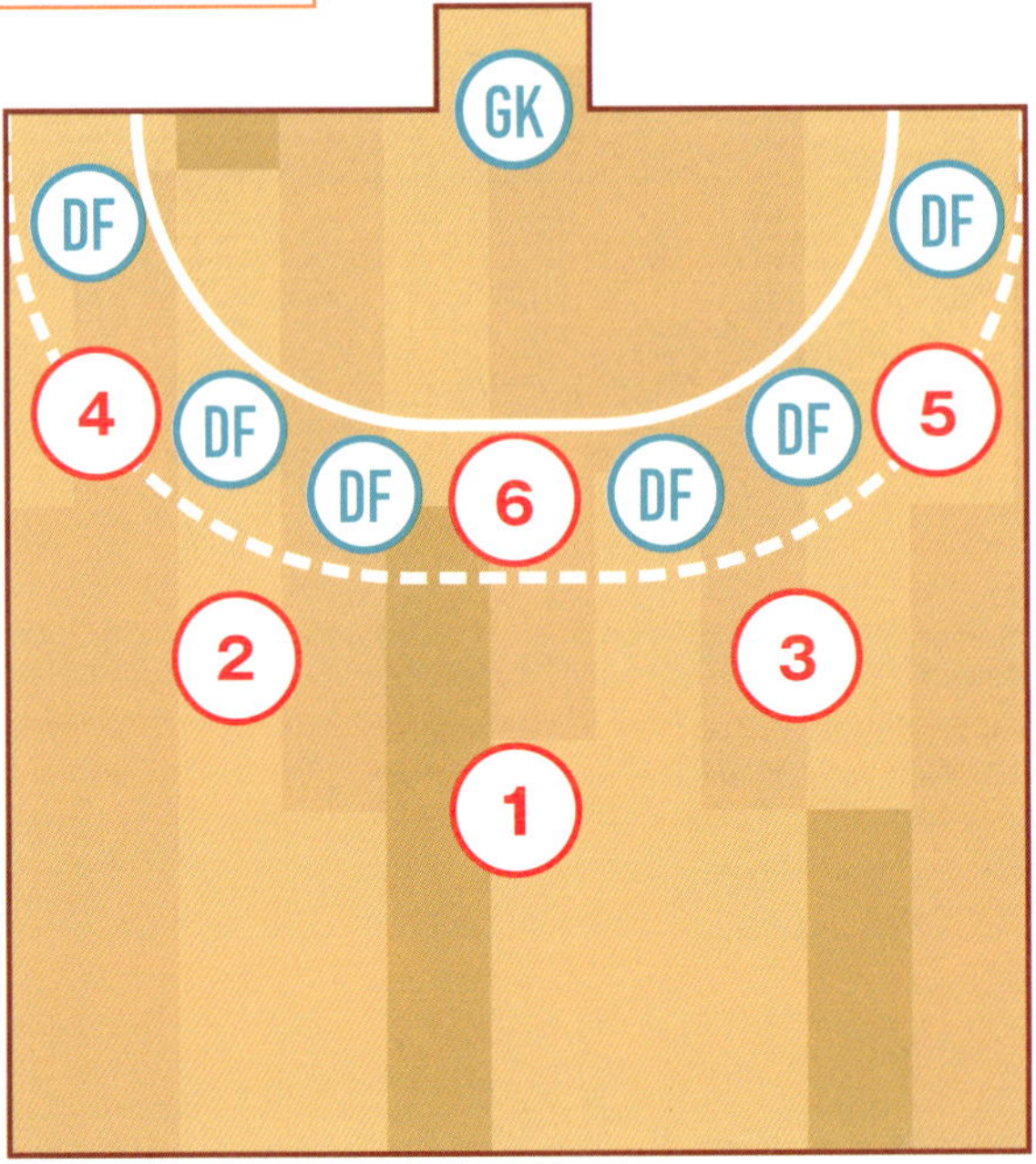

①センターバック

チームの司令塔《しれいとう》。ＣＰ全体《ぜんたい》を見《み》ながら攻撃《こうげき》の起点《きてん》となり、ときにはロングシュートもねらう。

②レフトバック

ロング、ミドルシュートなど得点源《とくてんげん》となる選手《せんしゅ》が入《はい》るエースポジション。ゴールへの角度的《かくどてき》に右利《みぎき》きであることが多《おお》い。左《ひだり》45度《ど》とも呼《よ》ばれる。

③ライトバック

レフトバックとは逆《ぎゃく》のポジションで、同《おな》じく得点力《とくてんりょく》に優《すぐ》れた選手《せんしゅ》。左利《ひだりき》きのほうがプレーしやすいポジション。①～③をまとめてフローターと呼《よ》ぶ。

④レフトサイド（レフトウイング）

バックプレーヤーのサポートやサイドシュートをする。速攻《そっこう》のときの中心《ちゅうしん》となるため、小柄《こがら》でスピードのある選手《せんしゅ》が多《おお》い。ゴールへの角度的《かくどてき》に右《みぎ》利《き》きが理想《りそう》。本《ほん》サイド、正《せい》サイドとも呼《よ》ばれる。

⑤ライトサイド（ライトウイング）

レフトサイドとは逆《ぎゃく》のポジション。同《おな》じくスピードのある選手《せんしゅ》が多《おお》く、左利《ひだりき》きの選手《せんしゅ》が多《おお》い。レフトサイドの逆《ぎゃく》ということで、逆《ぎゃく》サイドとも呼《よ》ばれる。

⑥ピボットプレーヤー

ディフェンスラインに入《はい》ってカラダを張《は》れる、大《おお》きくて強《つよ》い選手《せんしゅ》が務《つと》めるポジション。ディフェンス時《じ》には相手《あいて》のポストプレーヤーへの対応《たいおう》ができる守備力《しゅびりょく》も必要《ひつよう》とされる。

問題《もんだい》 06

中級《ちゅうきゅう》

ハンドボールにはげしいディフェンスはつきものです。次《つぎ》のプレーのうち、より効果的《こうかてき》なプレーはどれでしょう？

1. 正面《しょうめん》からつかむ
2. 後《うし》ろから押《お》す
3. 正面《しょうめん》からぶつかる
4. 後《うし》ろから引《ひ》っ張《ぱ》る

\ヒント/

hint

ハンドボールはコンタクト（カラダにふれること）が許《ゆる》されているスポーツです。どんなコンタクトの仕方《しかた》ならいいのでしょうか。答《こた》えは一《ひと》つではありません。

答《こた》えがわかったらページをめくってね

06の答《こた》え

▶ 1 正面《しょうめん》からつかむ

▶ 3 正面《しょうめん》からぶつかる

なんで

正面《しょうめん》から相手《あいて》と同《おな》じ力《ちから》で接触《せっしょく》するのはOK

ハンドボールはきほん的《てき》に接触《せっしょく》プレーがゆるされています。向《む》かってくる相手《あいて》と同《おな》じ力《ちから》でぶつかれば反則《はんそく》にはなりません。五分五分《ごぶごぶ》の力《ちから》でというのが重要《じゅうよう》で、たとえ正面《しょうめん》からの接触《せっしょく》でも思《おも》いきりドーンと押《お》すと反則《はんそく》になります。相手《あいて》が勢《いきお》いよく突《つ》っ込《こ》んできた場合《ばあい》はオフェンス(攻撃《こうげき》)ファウルになることもあります。

OK! 正面《しょうめん》からつかむ

OK! 正面《しょうめん》からぶつかる

こんなディフェンスはNG！

NG! 後《うし》ろから押《お》す

NG! 後《うし》ろから引《ひ》っ張《ぱ》る

▲後《うし》ろからの接触《せっしょく》はきほん的《てき》にすべて反則《はんそく》。
場合《ばあい》によってはイエローカードの対象《たいしょう》となることもある

これ知《し》ってる？ 「退場《たいじょう》」と「失格《しっかく》」

　悪質《あくしつ》な反則《はんそく》や反《はん》スポーツマンシップ行為《こうい》にはイエローカードが出《だ》され、これが２回《かい》になると２分間《ふんかん》の「退場《たいじょう》」となります（ただし、チーム全員《ぜんいん》でイエローカードは４枚《まい》までなので、５人目以降《にんめいこう》は即退場《そくたいじょう》もある）。その間《あいだ》はＣＰが1人少《ひとりすく》ない状態《じょうたい》でプレーすることになり、相手《あいて》の得点《とくてん》チャンスとなってしまいます。同《おな》じ選手《せんしゅ》が３回《かい》「退場《たいじょう》」になると、レッドカードが出《だ》されて「失格《しっかく》」になり、その選手《せんしゅ》は試合《しあい》にもどることはできなくなります（２分後《ふんご》にほかの選手《せんしゅ》を入《い》れることは可能《かのう》）。もちろん、あまりにも悪質《あくしつ》な反則《はんそく》の場合《ばあい》は、一発退場《いっぱつたいじょう》、一発《いっぱつ》レッドカードになることもあります。

相手《あいて》チームが反則《はんそく》をしたら

フリースロー

◀フリースローラインからのフリースロー。直接《ちょくせつ》シュートをねらうこともできるが、守備側《しゅびがわ》がゴールエリアラインの前《まえ》で並《なら》ぶこともできる

7mスロー

◀7mラインからのペナルティースローでGKと1対《たい》1の勝負《しょうぶ》になる。サッカーでいう、PKみたいなものだ

これ知《し》ってる？ フリースローと7mスロー

相手《あいて》チームが反則《はんそく》をした場合《ばあい》、その地点《ちてん》からゲームを再開《さいかい》するスローのことをフリースローと呼《よ》びます。仲間《なかま》にパスすることも、その場《ば》からシュートをねらうこともできます。ゴールから9mの地点《ちてん》に引《ひ》かれた半円《はんえん》のラインをフリースローラインと呼《よ》び、このなかで反則《はんそく》があった場合《ばあい》はすべてフリースローラインからのフリースローで試合再開《しあいさいかい》となります。また、シュートシーンなど、得点可能《とくてんかのう》な場面《ばめん》で反則《はんそく》があったときには7mスローという、ペナルティースローが与《あた》えられます。

ラグビーみたいにボールを持《も》って
走《はし》っていいのかなぁ？

問題《もんだい》 07

中級《ちゅうきゅう》

ボールを受《う》けとったとき、前《まえ》に相手《あいて》がいなかったのでゴール前《まえ》まで走《はし》っていきましたが、審判《しんぱん》の笛《ふえ》が鳴《な》りました。さて、なぜでしょうか？

10
8

ヒント
hint

ハンドボールはどうやって相手《あいて》ゴールまでボールを運《はこ》んでいるでしょうか？　試合《しあい》でのボールの動《うご》かしかたを思《おも》い出《だ》してみてください。

答《こた》えがわかったらページをめくってね

07の答《こた》え▼オーバーステップの反則《はんそく》をとられた

▼前《まえ》にパスをする味方《みかた》がいなかったらドリブルで前《まえ》に進《すす》もう

なんで

ボールを持《も》って歩《ある》けるのは3歩《ぽ》まで

ハンドボールはボールを持《も》って歩《ある》いていいのは3歩《ぽ》までです。それ以《い》上《じょう》、歩《ある》く（走《はし》る）とオーバーステップの反則《はんそく》となります。走《はし》ってボールを運《はこ》びたいときはドリブルを使《つか》って前《まえ》に進《すす》みましょう。

ボールを持《も》って歩《ある》ける歩数《ほすう》が決《き》まっているんだね

▶オーバーステップ

ボールを持《も》って4歩《ほ》以上《いじょう》歩《ある》く（走《はし》る）反則《はんそく》

これ知《し》ってる？ 「3－3－3」ってなんだ？

ハンドボールのきほんは「3－3－3」と言《い》われています。この「3－3－3」とは、3歩《ぽ》、3秒《びょう》、3mのことです。ボールを持《も》って歩《ある》けるのは3歩《ぽ》まで、ボールを保持《ほじ》できるのは3秒《びょう》まで、フリースローで再開《さいかい》のときは3m以上離《いじょうはな》れる。この「3－3－3」がプレーのきほんになっています。

OK!
3m以上《いじょう》

◀フリースローで試合《しあい》が再開《さいかい》するとき、ディフェンス側《がわ》はかならず3m以上離《いじょうはな》れなければならない

NG!
3m未満《みまん》

◀ボールを持《も》っている選手《せんしゅ》ときょりをつめたいところだが、フリースローで再開《さいかい》するとき、きょりが近《ちか》すぎるとやり直《なお》しになる

ユニフォームのことを知《し》っておこう！

CPのユニフォーム

GKのユニフォーム

区別《くべつ》をするためにCPとGKは同《おな》じ色《いろ》のユニフォームを着《き》ることはできません。ユニフォームは半《はん》そで、短《たん》パンが一般的《いっぱんてき》ですが、GKはカラダの保護《ほご》を目的《もくてき》に長《なが》そでや長《なが》ズボンを着用《ちゃくよう》することも多《おお》くあります。もちろん、CPが長《なが》そでや長《なが》ズボンを着用《ちゃくよう》することもできますが、1人《ひとり》が着用《ちゃくよう》した場《ば》合《あい》は全員《ぜんいん》が同《おな》じかっこうをすることがルールとして定《さだ》められています。つまりCPは全員《ぜんいん》が同《おな》じユニフォームでなければいけないため、1人《ひとり》だけが長《なが》そでを着用《ちゃくよう》することはできません。

また、ユニフォームの下《した》に長《なが》そでのアンダーウェアを着用《ちゃくよう》することもできますが、これも同様《どうよう》にその場合《ばあい》は全員《ぜんいん》が同《おな》じかっこうをすることになります。(大会《たいかい》の規定《きてい》による違《ちが》いもある)

第《だい》2章《しょう》

パス&ドリブル

シュートにつなげるパスやドリブル

いろいろなパスを覚《おぼ》えて攻撃《こうげき》の選択肢《せんたくし》を増《ふ》やそう

パスとドリブルはボールを前《まえ》に運《はこ》ぶためのプレーです。一番《いちばん》の目的《もくてき》はシュートをして得点《とくてん》すること。そのために、相手《あいて》ディフェンスを混乱《こんらん》させるパスや、一気《いっき》にシュートにもっていくドリブルが必要《ひつよう》になります。

パスもドリブルもあることで、ボールを運《はこ》ぶ手段《しゅだん》を一瞬《いっしゅん》で判断《はんだん》しなくてはいけないところが、ハンドボールのむずかしくて楽《たの》しいところでしょう。パスは最終的《さいしゅうてき》に得点《とくてん》につながればいいので、「これが正解《せいかい》」という答《こた》えが一《ひと》つとは限《かぎ》りません。無《む》数《すう》に選択肢《せんたくし》があるからこそ、いろいろな種類《しゅるい》のパスを覚《おぼ》えて、状況判断《じょうきょうはんだん》を磨《みが》くことが大切《たいせつ》になります。

この章《しょう》ではパスとドリブル技術《ぎじゅつ》を高《たか》める練習法《れんしゅうほう》も紹介《しょうかい》します。

問題《もんだい》

初級《しょきゅう》

08

パスはどうして使《つか》うのでしょうか？

ハンドボール雑学《ざつがく》1

以前《いぜん》は11人制《にんせい》があった

　ハンドボールの発祥《はっしょう》は北《きた》ヨーロッパで、ドイツでは11人制《にんせい》、デンマークでは７人制《にんせい》で行《おこな》われていた。日本《にほん》では1922年《ねん》に大谷武一《おおたにぶいち》が11人制《にんせい》を紹介《しょうかい》したのがはじまり。11人制《にんせい》はサッカーと同《おな》じコートで行《おこな》われていた。

びしっと正確《せいかく》に投《な》げられると
パスも武器《ぶき》になるよ

\ヒント/
hint

走《はし》る、ドリブルする、パスをする。相手《あいて》のゴールに一番早《いちばんはや》くたどりつけるのはどれでしょうか？

答《こた》えがわかったらページをめくってね

08の答《こた》え ▼ 早《はや》くボールを運《はこ》べるから

なんで

ボールは疲《つか》れない

たとえば10m先《さき》にボールを進《すす》めようと思《おも》ったとき、ドリブルで進《すす》むのと10m先《さき》にいる仲間《なかま》にパスを送《おく》るのとでは、どちらが早《はや》く目的地《もくてきち》に到着《とうちゃく》するでしょうか？　当然《とうぜん》、パスのほうが早《はや》いですよね。攻守《こうしゅ》の切《き》りかえの早《はや》いハンドボールは素早《すばや》い動《うご》きが求《もと》められますが、いくら走《はし》ってもボールは疲《つか》れないので、ボールを早《はや》く動《うご》かすことが大事《だいじ》になります。

これ知《し》ってる？ パスは回転《かいてん》が大事《だいじ》

パスは味方《みかた》にとってもらうことが大事《だいじ》。つまりとりやすいボールを投《な》げることが大事《だいじ》です。とりやすいボールは縦回転《たてかいてん》がかかったパス。無回転《むかいてん》だったり、回転《かいてん》がブレていたりすると、とりづらいのでしっかり回転《かいてん》のかかったパスを投《な》げましょう。

初級《しょきゅう》
問題《もんだい》09

パスするときのよりよい腕《うで》の形《かたち》としてイメージに近《ちか》いのは?

1 そば屋《や》の出前《でまえ》

2 もちつき

3 弓道《きゅうどう》

ヒント
hint

ボールを投《な》げやすそうな形《かたち》を考《かんが》えてみよう!

答《こた》えがわかったらページをめくってね

09の答《こた》え

3

弓道《きゅうどう》

なんで

ヒジの位置《いち》は高《たか》いほうがいい

イメージとして弓道《きゅうどう》のように肩《かた》を引《ひ》く形《かたち》がいいでしょう。子《こ》どもに多《おお》いのが腕《うで》の角度《かくど》が下《さ》がっているケースです。腕《うで》が下《さ》がっていたり、伸《の》びきっていたりすると、コントロールはつきづらくなります。ヒジは高《たか》く、しっかり肩《かた》を引《ひ》いて投《な》げればボールをコントロールしやすくなります。

NG! ×

ヒジの位置《いち》が低《ひく》い

OK! ○

ヒジの位置《いち》が高《たか》く、肩《かた》を引《ひ》くことができている

POINT

顔《かお》の向《む》き、足《あし》の向《む》きもチェック

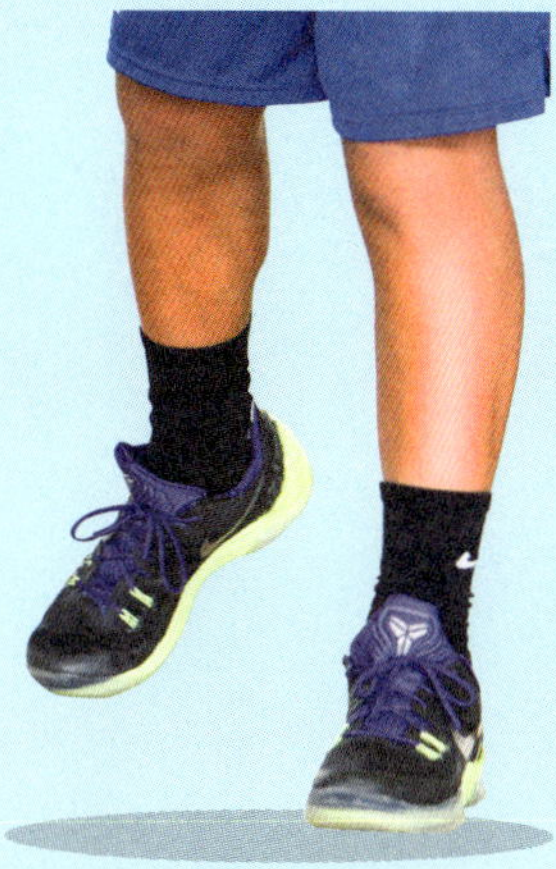

▲パスする相手《あいて》をしっかり見《み》ていないとボールをコントロールできないので、きほんは投《な》げる方向《ほうこう》をしっかり見《み》ること。上級者《じょうきゅうしゃ》になれば目線《めせん》を使《つか》ってフェイントをかけることもある

▲投《な》げる方向《ほうこう》に足《あし》を踏《ふ》み出《だ》す。つま先《さき》が投《な》げる方向《ほうこう》を向《む》いていないと下半身《かはんしん》が安定《あんてい》せずにコントロールがさだまらなくなる

これ知《し》ってる？ ボールの握《にぎ》り方《かた》

本人《ほんにん》が投《な》げやすいことが一番《いちばん》なので正解《せいかい》はないのですが、オススメは1のボールと手《て》のすき間《ま》を少《すこ》しあける形《かたち》。このとき、指《ゆび》のはらはべったりとボールにつけません。少《すこ》しあいていたほうが手首《てくび》を使《つか》いやすく、回転《かいてん》をかけやすくなります。2のように手《て》のひらをべったりとくっつけて投《な》げようとすると投《な》げたときにボールが落ちてしまいます。

1

2

POINT

しっかりしたフォームを覚《おぼ》えよう

ハンドボールにはいろいろな形《かたち》のパスがありますが、まずは正《ただ》しいフォームでまっすぐ投《な》げることを覚《おぼ》えましょう。

トライ!

壁《かべ》パスで練習《れんしゅう》

仲間《なかま》には思《おも》いきりボールを投《な》げられないという人《ひと》は壁《かべ》に思《おも》いきり投《な》げる「壁《かべ》パス」の練習《れんしゅう》がオススメです。リリースポイント（放《はな》す位置《いち》）やカラダの使《つか》いかたを身《み》につけましょう。

問題《もんだい》

10

初級《しょきゅう》

パスをキャッチするときのきほん姿勢《しせい》は？

1

味方《みかた》に
わかりやすいように
手《て》を大《おお》きく広《ひろ》げる

2

ボールを
落《お》とさないように
手《て》を下《した》から出《だ》す

3

胸《むね》の前《まえ》で
手《て》を三角形《さんかくけい》に
構《かま》える

hint《ヒント》

手《て》を動《うご》かしやすいのはどの位置《いち》にあるときか
考《かんが》えてみましょう。

答《こた》えがわかったらページをめくってね

10の答《こた》え

3

胸《むね》の前《まえ》で手《て》を三角形《さんかくけい》に構《かま》える

▲胸《むね》で構《かま》えているから速《はや》いパスが来《き》ても大丈夫《だいじょうぶ》。手《て》を三角形《さんかくけい》にしてヒジも曲《ま》がっているので、前後《ぜんご》、左右《さゆう》に動《うご》かしやすく、パスが少《すこ》しズレても対応《たいおう》できる

？なんで

腕《うで》を動《うご》かしやすく、次《つぎ》の動作《どうさ》に移《うつ》りやすい

正面《しょうめん》のパスの場合《ばあい》、相手《あいて》がとりやすいように胸《むね》の高《たか》さに投《な》げるのがきほんです。胸《むね》の高《たか》さにくるボールを正確《せいかく》に捕球《ほきゅう》するためには、胸《むね》の前《まえ》で手《て》を三角形《さんかくけい》に構《かま》える形《かたち》がきほん姿勢《しせい》になります。もちろん、高《たか》い位置《いち》に要求《ようきゅう》するときは手《て》を上《あ》げて構《かま》えることもあります。パスは受《う》けて終《お》わりではありません。シュートをする、パスをする、ドリブルをするなど、すぐに次《つぎ》の動作《どうさ》に移《うつ》りやすいことも大事《だいじ》になります。

これ知《し》ってる？ 理想《りそう》のパスは利《き》き手側《てがわ》

ハンドボールは素早《すばや》いパス回《まわ》しが大事《だいじ》。そのためには利《き》き手側《てがわ》に投《な》げてあげることがポイントになります。利《き》き手《て》と逆側《ぎゃくがわ》にきたパスを受《う》けると、①受《う》ける→②利《き》き手側《てがわ》に動《うご》かす→③投《な》げる、というように3つの動作《どうさ》が必要《ひつよう》になりますが、利《き》き手側《てがわ》で受《う》ければ、①と②を同時《どうじ》にできるため、2つの動作《どうさ》ですみます。

1と2はどうしてダメなの？

NG! 手《て》を大《おお》きく広《ひろ》げる

◀手《て》を大《おお》きく広《ひろ》げて味方《みかた》にパスを要求《ようきゅう》するのは悪《わる》いことではないが、ヒジが伸《の》びきっているため次《つぎ》の動作《どうさ》に移《うつ》るのに時間《じかん》がかかってキャッチミスにつながる

NG! 手《て》を下《した》から出《だ》す

◀手《て》のひらが上《うえ》を向《む》いていたら手《て》でボールをキャッチすることができない。ドッジボールのように胸《むね》でしっかりキャッチすることが目的《もくてき》ならばこの構《かま》えでもいいが、すぐに次《つぎ》の動作《どうさ》が要求《ようきゅう》されるハンドボールには適《てき》していない

トライ!

座《すわ》ってパストレーニング

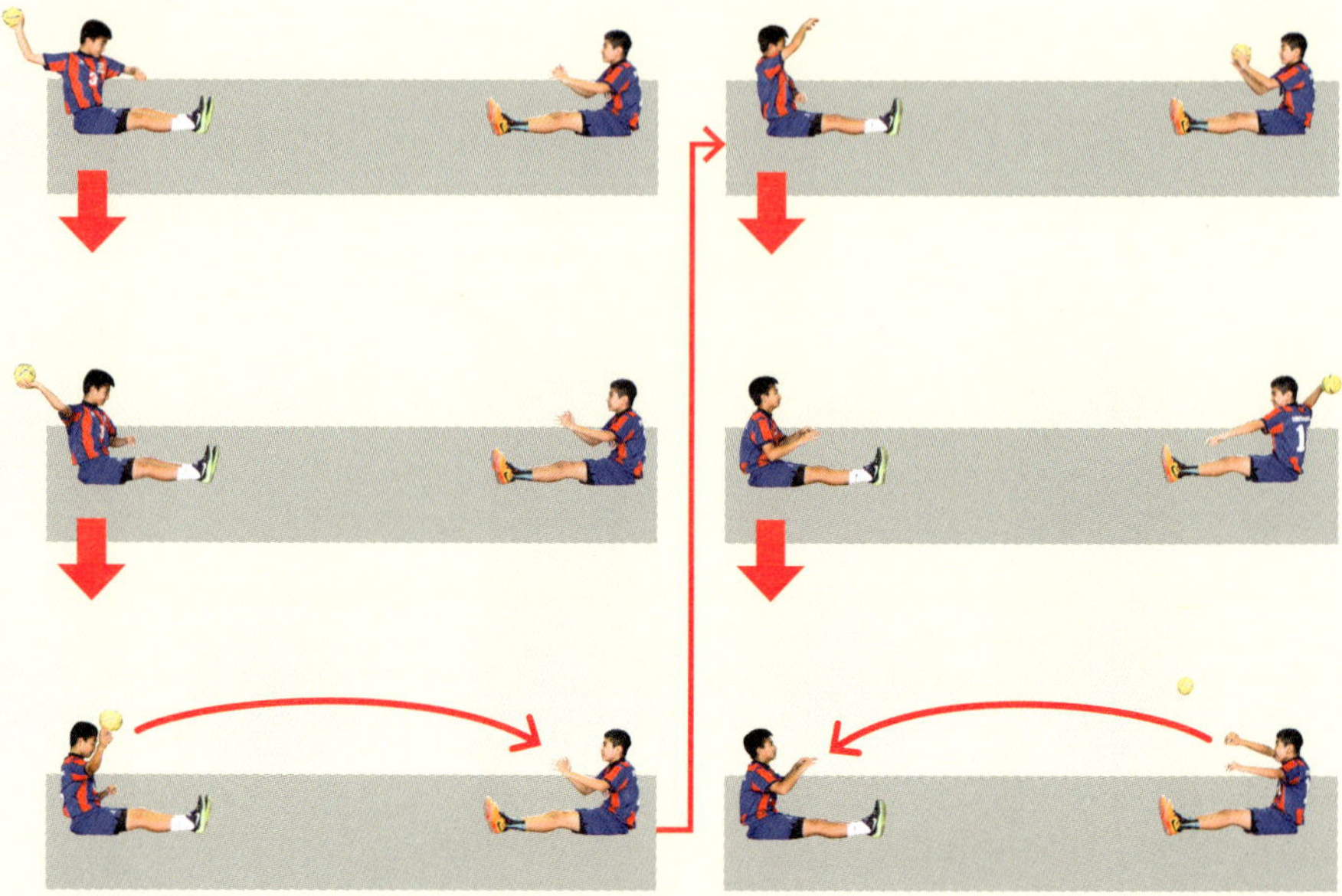

やりかた

2人1組《ふたりひとくみ》になり、3～5mくらいのきょりをあけて足《あし》を前《まえ》に伸《の》ばした状態《じょうたい》で座《すわ》る。そのままの姿勢《しせい》でパス交換《こうかん》をする

POINT

カラダの軸《じく》がブレないように

座《すわ》ったまま投《な》げると下半身《かはんしん》の力《ちから》を使《つか》うことができない。カラダの軸《じく》がブレるとまっすぐ投《な》げることができないので、テイクバックをしっかりとって軸《じく》をブラさずに投《な》げる。3～5mのきょりから始《はじ》めて、投《な》げられるようになったらきょりをのばしていこう。体幹《たいかん》のトレーニングにもなる。

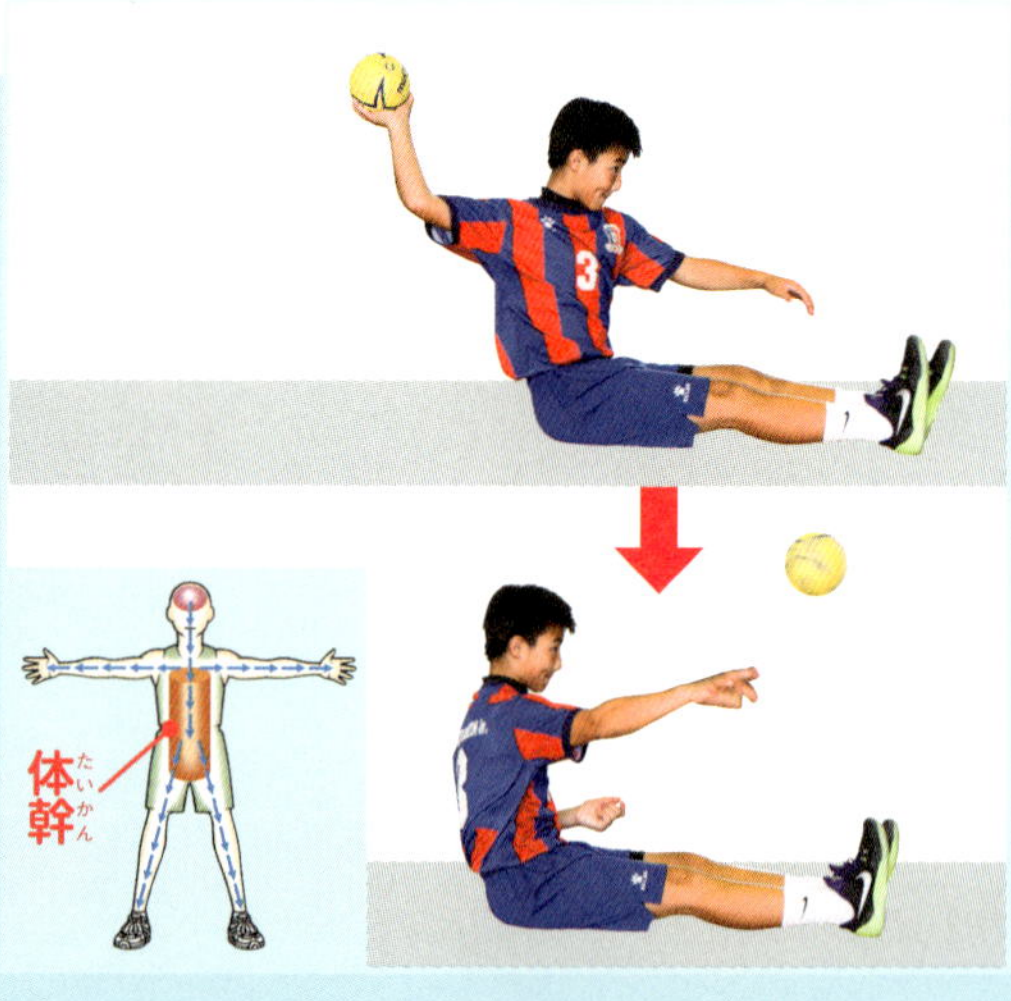

問題《もんだい》

11

中級《ちゅうきゅう》

バウンドパスはなぜ使《つか》うのでしょうか？

相手《あいて》の
DF の足《あし》もとに
バウンドさせているね

なんでだろう？
一緒《いっしょ》に考《かんが》えてみよう！

\ヒント/
hint

足《あし》もとにくるボールと手《て》の高《たか》さにくるボールでは、どっちのほうが反応《はんのう》しやすいでしょうか？

答《こた》えがわかったらページをめくってね

11の答《こた》え

ディフェンスにカットされにくいから

なんで

足《あし》もとは反応《はんのう》しにくい

自分《じぶん》と味方《みかた》の間《あいだ》にディフェンスがいるとき、胸《むね》の高《たか》さにパスを通《とお》そうとしたら簡単《かんたん》にパスカットされてしまいます。そんなときにはバウンドパスを使《つか》ってみるのもいいでしょう。手《て》の高《たか》さは反応《はんのう》しやすくても、足《あし》もとのボールにはなかなか反応《はんのう》しづらいものです。また、バウンドパスが相手《あいて》の足《あし》に当《あ》たった場合《ばあい》には、マイボールからやり直《なお》しになるという利点《りてん》もあるのでトライしてみましょう。

◀胸《むね》の高《たか》さへのパスがきほんとはいっても、マークがいるときに投《な》げるのはNG。味方《みかた》がとりやすいボールは当然《とうぜん》、相手《あいて》ディフェンスも反応《はんのう》しやすく、パスカットされやすくなってしまう

POINT

バウンドパスを覚《おぼ》えよう

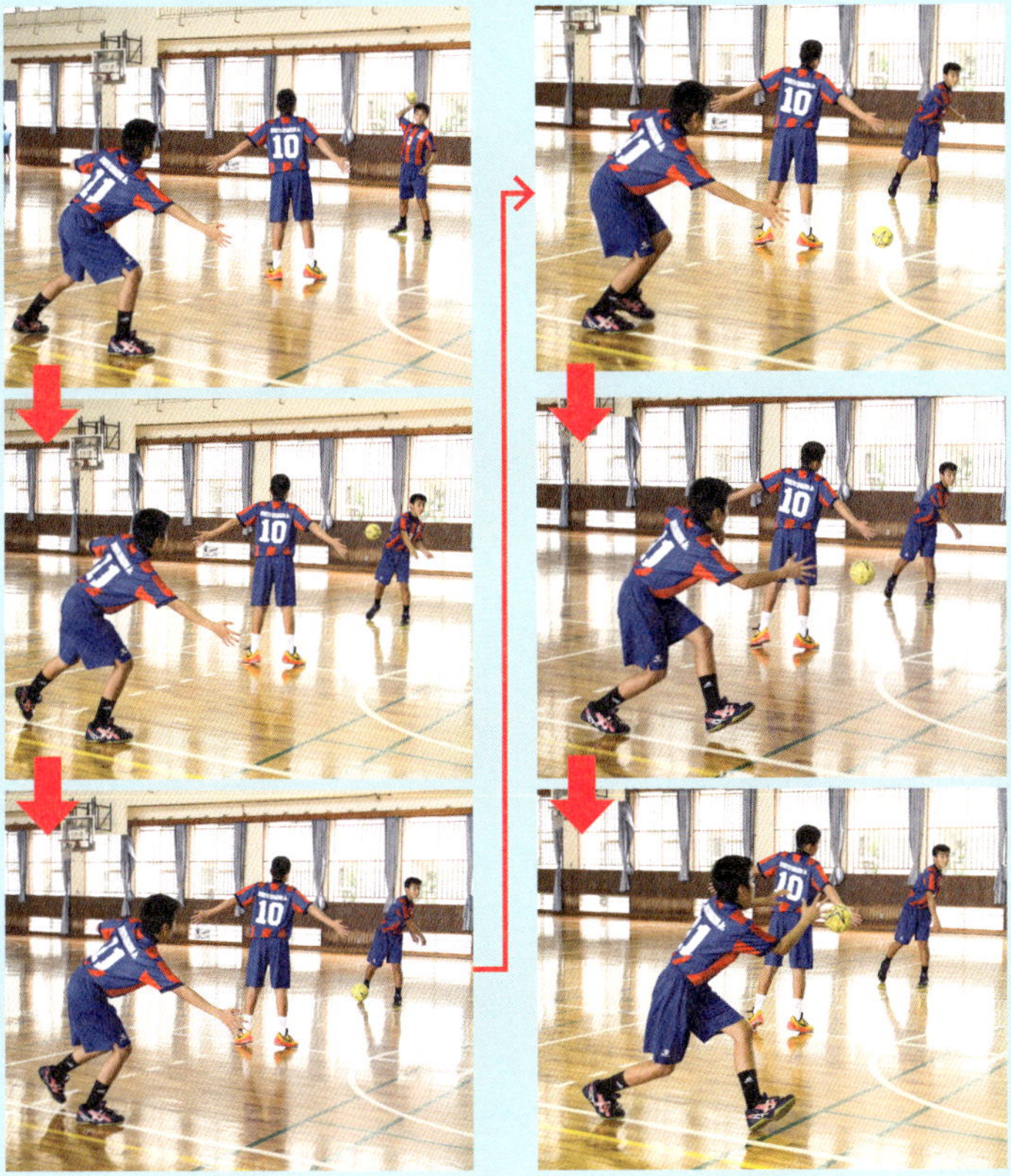

◀相手《あいて》のディフェンスの手《て》が届《とど》かないスペースをねらってバウンドパス。ボールをバウンドさせるときにはいくつか注意《ちゅうい》が必要《ひつよう》だ。味方《みかた》の足《あし》もとに入《はい》りすぎたらとりづらいし、高《たか》すぎると上《うえ》をこえてしまう可能性《かのうせい》もある。胸《むね》の位置《いち》で捕球《ほきゅう》できるくらいの高《たか》さで、受《う》ける側《がわ》がとる高《たか》さを選《えら》べるような軌道《きどう》（図《ず》A）が理想《りそう》だ。このバウンドパスは、シュート前《まえ》のラストパスとして使《つか》われることが多《おお》い

理想的《りそうてき》なパスの軌道《きどう》

A　とる高《たか》さを選《えら》べる

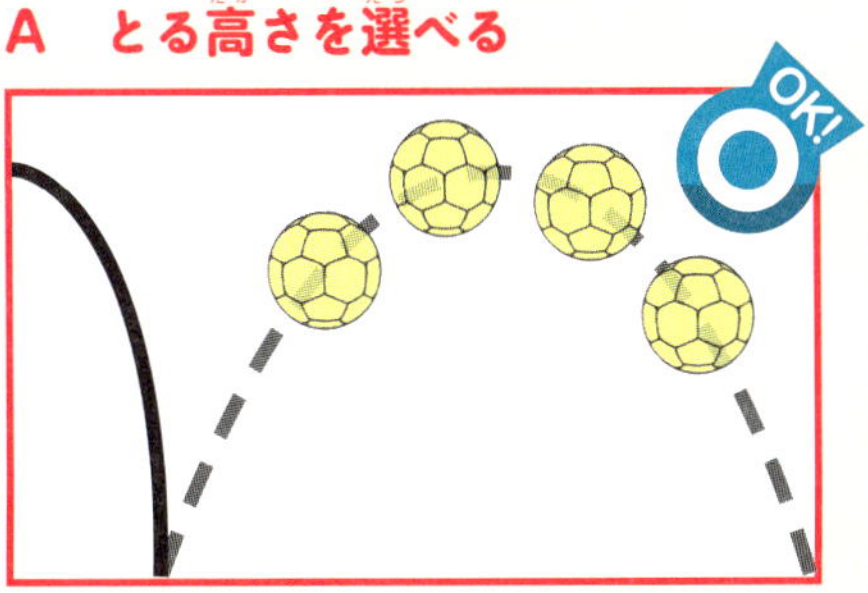

B　点《てん》でしかとれない

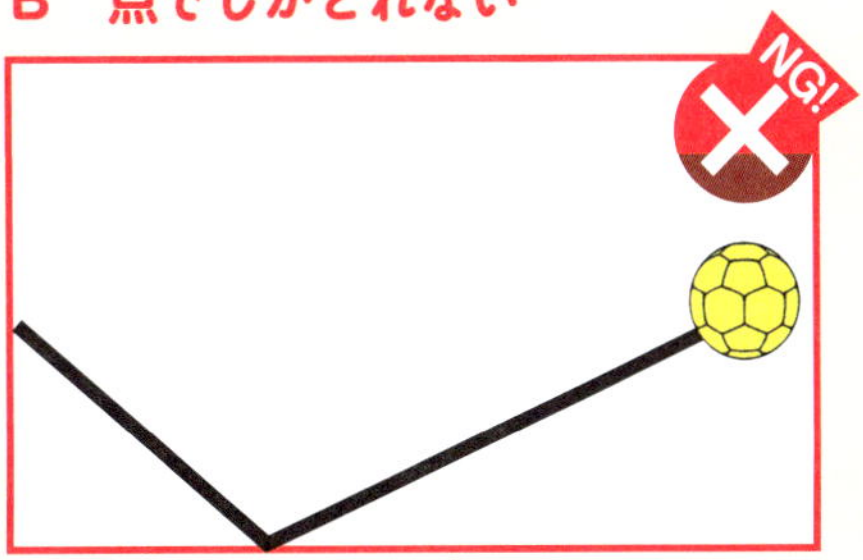

ハンドボールならではのいろいろなパスを紹介《しょうかい》！

プッシュパス

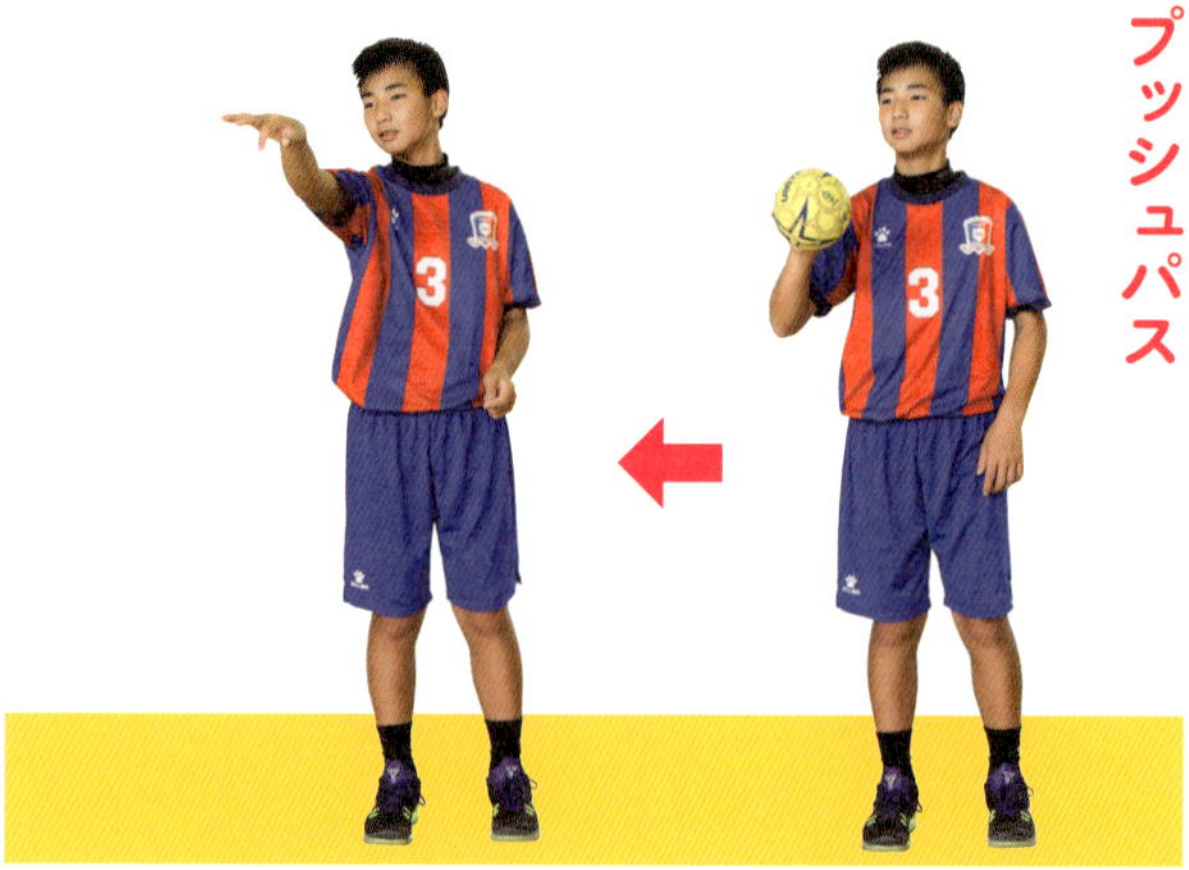

▶近《ちか》いきょりの相手《あいて》に投《な》げるときに使《つか》い、もっとも多《おお》く使《つか》われるパスの一《ひと》つ。速攻《そっこう》などで早《はや》くパスを出《だ》したいときに有効《ゆうこう》。手首《てくび》と肩《かた》を使《つか》って押《お》し出《だ》すようにして投《な》げる

バックパス

▶ディフェンスをブロックしながら出《だ》せるパス。写真《しゃしん》のように左肩《ひだりかた》を右側《みぎがわ》に入《い》れるとディフェンスがついてくるので、そのときに逆《ぎゃく》の手《て》でパスを出《だ》す。ポイントは手首《てくび》を使《つか》いすぎないこと。肩《かた》の流《なが》れと一緒《いっしょ》にリリースする

ラテラルパス

▶ラテラルとは、横方向《よこほうこう》、側面《そくめん》の意味《いみ》で、その名《な》の通《とお》り横《よこ》に出《だ》すパスのこと。相手《あいて》を見《み》ながらパスすることができるので、攻撃時《こうげきじ》の球回《たままわ》しのときに有効《ゆうこう》。このパスも手首《てくび》でこねないように注意《ちゅうい》

問題 12 中級

CPからGKにパスをしていいのでしょうか？

GKとCPはユニフォームが違うけどいいのかな？
（答えは28ページ）

サッカーのGKはパス回しに参加できるよね

ヒント
GKはただシュートブロックしてゴールを守るだけの選手でしょうか？

12の答《こた》え▼ パスをしてもいい

◀GKがゴールエリアラインの内側《うちがわ》にいるときはパスすることができない

◀ゴールエリアラインの外《そと》に出《で》ればGKもCPと同《おな》じ扱《あつか》いになる

GKも攻撃《こうげき》に参加《さんか》できる

▶相手《あいて》が速攻《そっこう》をしかけてきたときなど、一番前《いちばんまえ》にいる選手《せんしゅ》をけん制《せい》するのはGKの仕事《しごと》。ゴールエリアラインの外《そと》に出《で》て、パスカットをねらうこともある。また、試合《しあい》の終盤《しゅうばん》になって得点《とくてん》がほしい場面《ばめん》では数的有《すうてきゆう》利《り》をつくるために攻撃《こうげき》に参加《さんか》することもある。ただし、ボールを奪《うば》われると失点《しってん》の危機《きき》なので注意《ちゅうい》が必要《ひつよう》だ

これ知《し》ってる？

ゴールエリアラインの外《そと》にいることが条件《じょうけん》

GKはCPからのパスを受《う》けることはできます。ただしゴールエリアラインの外《そと》にいることが条件《じょうけん》。ゴールエリアラインの内側《うちがわ》でパスを受《う》けると、相手《あいて》ボールのフリースローになります。GKもゴールエリアラインから出《で》ればCPと同《おな》じになるので、パスカットをすることもできるし、シュートをすることもできます。

問題《もんだい》
初級《しょきゅう》
13

ドリブルはどんなときに使《つか》うの？

1. 速攻《そっこう》をしかけるとき
2. 時間《じかん》かせぎをしたいとき
3. 目立《めだ》ちたいとき

ヒント
hint

味方《みかた》が前《まえ》にいないときはパスをしようと思《おも》ってもできません。でも前《まえ》にだれもいなければチャンスですね。

答《こた》えがわかったらページをめくってね

13の答《こた》え

1

速攻《そっこう》をしかけるとき

なんで

味方《みかた》が前《まえ》にいないときはドリブル

　味方《みかた》からパスを受《う》けとって、前《まえ》に敵《てき》も味方《みかた》もいなかったら自分《じぶん》で前《まえ》にいくのが一番早《いちばんはや》いのでドリブルを使《つか》います。目立《めだ》ちたいからドリブルをするわけではありません。

NG!

時間《じかん》かせぎはNG

▶サッカーでは試合終盤《しあいしゅうばん》になるとボールをキープして時間《じかん》かせぎをする場面《ばめん》を見《み》ることもある。しかし、ハンドボールの場合《ばあい》はドリブルでキープしているだけだと、攻撃《こうげき》の意思《いし》がないとみなされて10秒程度《びょうていど》で反則《はんそく》をとられる

これ知《し》ってる？　手《て》のひらが上《うえ》を向《む》いたら反則《はんそく》

　写真《しゃしん》のようにボールをこねるようにして手《て》のひらが上《うえ》を向《む》いたあとにドリブルをするとダブルドリブルの反則《はんそく》になります。

NG!

問題《もんだい》
初級《しょきゅう》
14

理想的《りそうてき》なドリブルは次《つぎ》の3つのうちのどれ?

1
低《ひく》い姿勢《しせい》で
ドリブル

2
胸《むね》の高《たか》さで
ドリブル

3
大《おお》きく
はずませて
ドリブル

答《こた》えがわかったらページをめくってね

14の答《こた》え ▼ 2
胸《むね》の高《たか》さでドリブル

なんで

しっかり前《まえ》を見《み》られるから

ドリブルの姿勢《しせい》が低《ひく》すぎたり、高《たか》すぎたりしたら、前《まえ》を見《み》ることができません。味方《みかた》や相手《あいて》の位置《いち》をしっかり見《み》るためにも胸《むね》から腰《こし》くらいの高《たか》さでドリブルするのがいいでしょう。

トライ!

両手《りょうて》ドリブル

▲交互《こうご》にバウンドさせながらドリブル。ハンドボールは利《き》き手《て》と逆《ぎゃく》の手《て》でドリブルをするケースはほとんどないが、両手《りょうて》を使《つか》えたほうがいろいろな場面《ばめん》に対応《たいおう》しやすくなるので、ボールの扱《あつか》い方《かた》がうまくなるように練習《れんしゅう》してみよう

やりかた

ボールを2つ用意《ようい》してその場《ば》でドリブルをする。最初《さいしょ》は同時《どうじ》にバウンドさせる形《かたち》でもいいが、なれてきたらバウンドが交《こう》互《ご》になるようにやってみよう

問題《もんだい》15

初級《しょきゅう》

ドリブルをしていたら相手《あいて》がカットにきたので一度《いちど》ボールを持《も》って守《まも》りました。そのあと、ドリブルを再開《さいかい》すると審判《しんぱん》の笛《ふえ》がなりました。なんという反則《はんそく》をとられたでしょうか？

□□□ドリブル

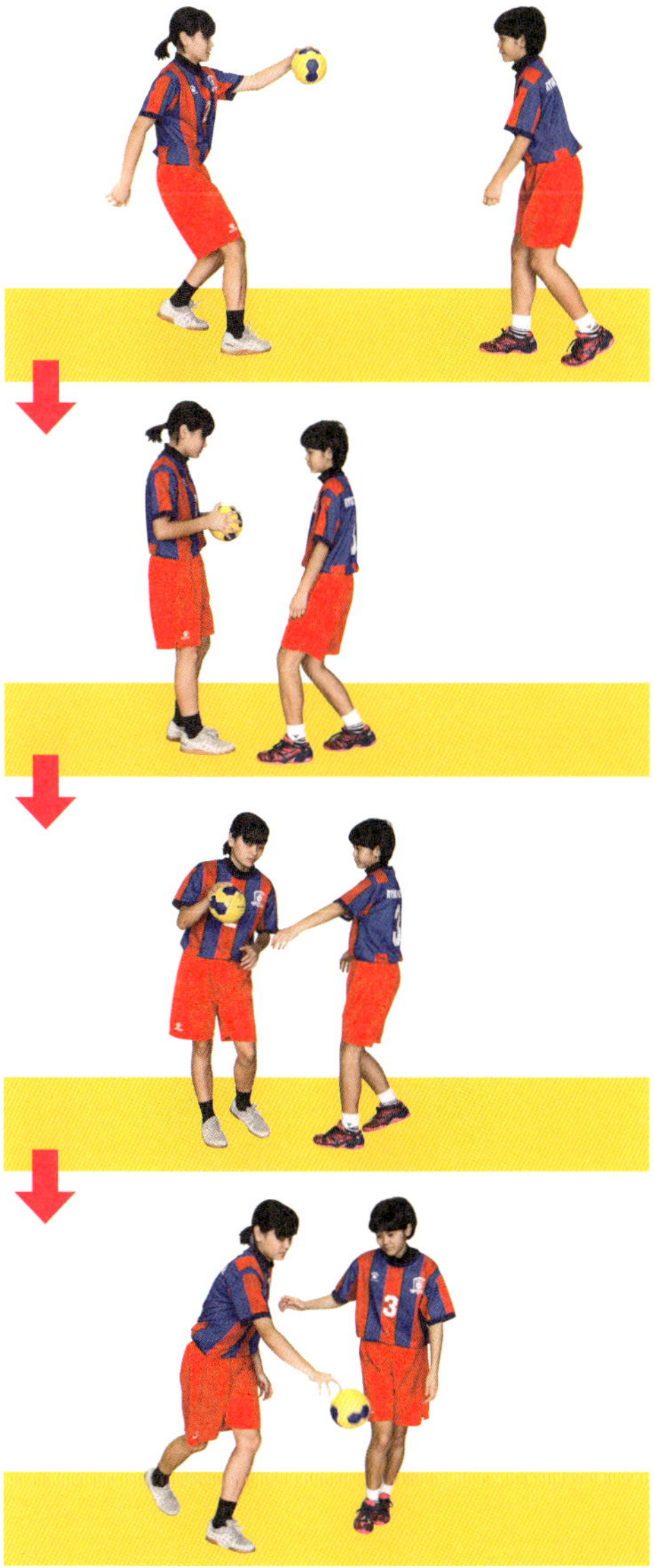

\ヒント/
hint

一度《いちど》のプレーで2回《かい》ドリブルするという意味《いみ》の反則《はんそく》です。

この□□□ドリブルと
呼《よ》ばれる反則《はんそく》は、
この場合《ばあい》ともう一《ひと》つ別《べつ》の形《かたち》もあるよ！
48ページで紹介《しょうかい》したね

答《こた》えがわかったらページをめくってね

15の答《こた》え
▼ダブルドリブル

なんで

ドリブルができるのは一度《いちど》だけ

一度《いちど》ドリブルを止《と》めて、そのあとドリブルを再開《さいかい》したらダブルドリブルの反則《はんそく》で相手《あいて》ボールになります。ボールをカットして床《ゆか》についたあとも、捕球《ほきゅう》してからドリブルを再開《さいかい》するとダブルドリブルをとられる場合《ばあい》があるので注意《ちゅうい》が必要《ひつよう》です。

◀ドリブルで相手《あいて》をかわそうとしたが抜《ぬ》ききれずストップ

◀一度《いちど》止《と》まってしまったら、次《つぎ》の選択《せんたく》肢《し》はパスになる

問題《もんだい》 16 中級《ちゅうきゅう》

なかなかパスコースが見《み》つかりません。出《だ》しどころをさがしていたら笛《ふえ》が鳴《な》りました。なぜでしょう?

足《あし》が止《と》まっていると
とられるよ

ヒント
hint

問題《もんだい》07の解説《かいせつ》でも少《すこ》し紹介《しょうかい》しました。3－3－3を思《おも》いだしましょう。

16の答《こた》え

▼オーバータイムの反則《はんそく》をとられた

なんで

ボールを保持《ほじ》できるのは3秒《びょう》だけ

問題《もんだい》07でも紹介《しょうかい》したように、ハンドボールは3－3－3のルールがあります。歩《ある》けるのは3歩《ぽ》まで、フリースローのときは3m以上《いじょう》離《はな》れる、そしてボールを保持《ほじ》できるのは3秒《びょう》というルールです。1人《ひとり》の選手《せんしゅ》がボールを持《も》ったまま3秒《びょう》以上《いじょう》が経過《けいか》すると、オーバータイムの反則《はんそく》をとられて相手《あいて》ボールになります。

◀CPの人数《にんずう》は同数《どうすう》なのでマンツーマンでマークがつくとパスコースが見《み》つからない場合《ばあい》がある。そのままじっとしているとオーバータイムの反則《はんそく》をとられるので、ドリブルを使《つか》うなどして、攻撃《こうげき》のアクションを起《お》こそう

ドリブルをして
動《うご》けばOK!

問題《もんだい》
17
中級《ちゅうきゅう》

ジャンプパスをするときに大事《だいじ》なことは？

1 高《たか》く跳《と》んでパスをする

2 跳《と》ぶ前《まえ》に
パスコースを見《み》つけておく

3 かっこいい投《な》げかたをする

ジャンプすると
相手《あいて》DFに
とられにくくなるね

ヒント
hint

パスで大事《だいじ》なのは味方《みかた》にしっかりつなぐことです。

答《こた》えがわかったらページをめくってね

17の答《こた》え ▶ 2 跳《と》ぶ前《まえ》にパスコースを見《み》つけておく

なんで

確実《かくじつ》にパスを通《とお》すため

相手《あいて》にパスカットされないようにするためには最高到達点《さいこうとうたつてん》の高《たか》い位置《いち》でパスすることは大事《だいじ》です。しかし、それ以上《いじょう》に大事《だいじ》なのは事前《じぜん》にパスコースを見《み》つけておくことです。ジャンプしてもパスコースがなければパスはできません。跳《と》ぶ前《まえ》にかならずパスコースを見《み》つけておきましょう。

チラッと目線《めせん》だけで
確認《かくにん》できるようになると上級者《じょうきゅうしゃ》!

チラッ

▲ジャンプする前《まえ》にパスコースを確認《かくにん》

▲味方《みかた》と相手《あいて》ディフェンスの状況《じょうきょう》を確認《かくにん》してからジャンプ

▲相手《あいて》にカットされないように最高到達《さいこうとうたつ》点《てん》でパスを出《だ》したい

第《だい》
2
章《しょう》
パス&ドリブル

NG! オーバーステップに注意《ちゅうい》

▲相手《あいて》のディフェンス状況《じょうきょう》や味方《みかた》へのパスコースを確認《かくにん》しないままジャンプ。跳《と》んだのはいいが、パスする相手《あいて》が見《み》つからず、ボールを持《も》ったまま着地《ちゃくち》してしまう。これは4歩《ほ》以上《いじょう》歩《ある》く「オーバーステップ」の反則《はんそく》をとられる。こうしたミスをなくすためにも、跳《と》ぶ前《まえ》のパスコース確認《かくにん》は大事《だいじ》

トライ!

ワンハンドパス&キャッチ

▼ハンドボールの試合《しあい》では止《と》まった状態《じょうたい》でパス交換《こうかん》することはほとんどないので、足《あし》を動《うご》かしながらやるのがポイント。手《て》に集中《しゅうちゅう》すると足《あし》が止《と》まってしまうので、足《あし》を動《うご》かすことを忘《わす》れないようにする

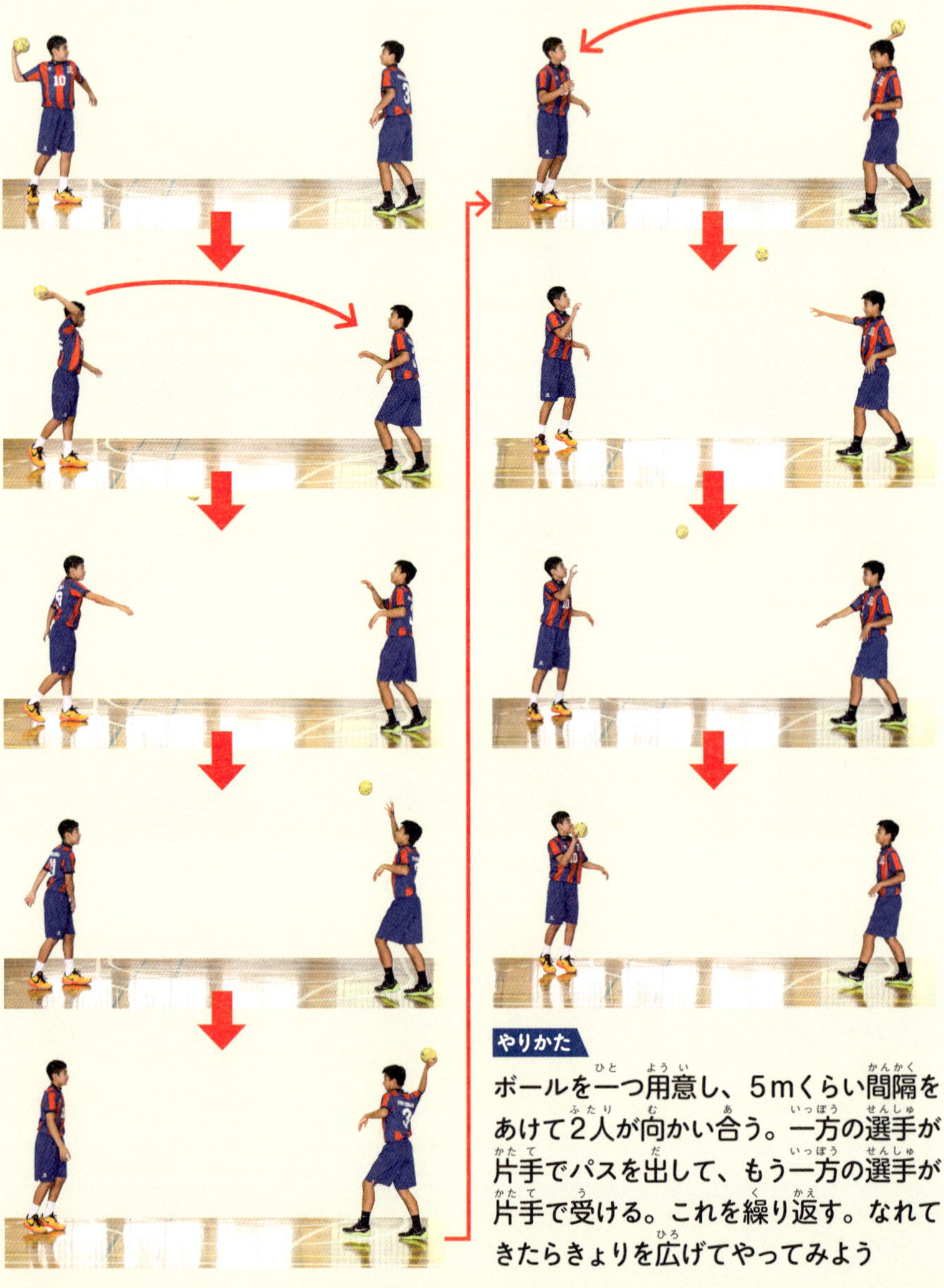

やりかた

ボールを一《ひと》つ用意《ようい》し、5mくらい間隔《かんかく》をあけて2人《ふたり》が向《む》かい合《あ》う。一方《いっぽう》の選手《せんしゅ》が片手《かたて》でパスを出《だ》して、もう一方《いっぽう》の選手《せんしゅ》が片手《かたて》で受《う》ける。これを繰《く》り返《かえ》す。なれてきたらきょりを広《ひろ》げてやってみよう

問題《もんだい》18 上級《じょうきゅう》

チームでうまくパスがつながりません。どこに問題《もんだい》があるからでしょうか？

相手《あいて》がいると
パスができないね

ヒント
hint

パスをするためにはフリーの選手《せんしゅ》がいないといけないですよね。

ハンドボール雑学《ざつがく》2

松脂《まつやに》や両面《りょうめん》テープを使《つか》う

中学生以上《ちゅうがくせいいじょう》になると滑《すべ》り止《ど》めとして手《て》に松脂《まつやに》をつけることがルールとして認《みと》められている。日本《にほん》では松脂禁止《まつやにきんし》の体《たい》育館《いくかん》があるため、両面《りょうめん》テープを指《ゆび》に巻《ま》いて滑《すべ》り止《ど》めにすることもある。

 答《こた》えがわかったらページをめくってね

18の答《こた》え

▼ボールを持《も》っていない選手《せんしゅ》が動《うご》いていないから

なんで

パスをもらうための動《うご》きが大事《だいじ》

目《め》まぐるしくボールが動《うご》くハンドボールの試合《しあい》では、自分《じぶん》がボールを保持《ほじ》している時間《じかん》よりもボールを持《も》たずに動《うご》いている時間《じかん》のほうが圧倒《あっとう》的《てき》に長《なが》くなります。なので、ボールを持《も》たないときの動《うご》き（オフ・ザ・ボール）がとても重要《じゅうよう》になります。問題《もんだい》16でも紹介《しょうかい》したように、1人《ひとり》の選手《せんしゅ》がボールを保持《ほじ》できる時間《じかん》は3秒《びょう》だけなので、動《うご》いてパスコースをつくることを心《こころ》がけましょう。

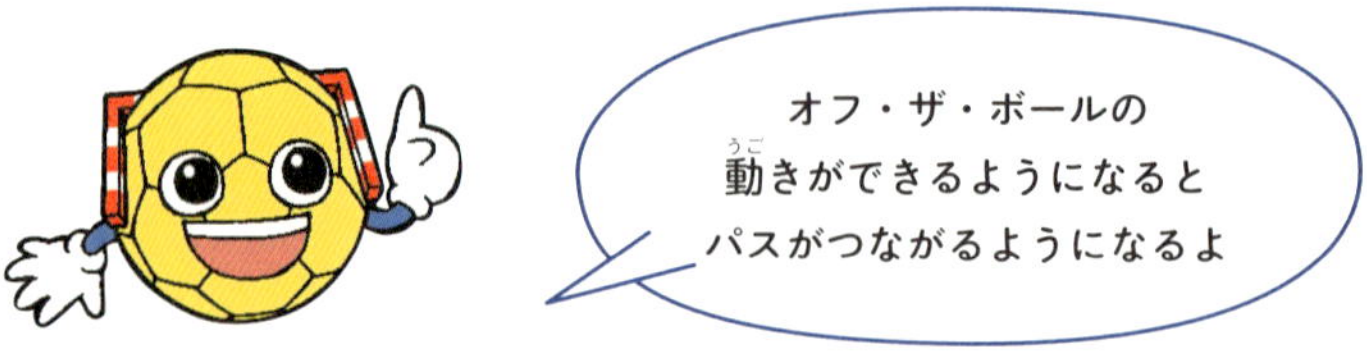
オフ・ザ・ボールの
動《うご》きができるようになると
パスがつながるようになるよ

▶オフ・ザ・ボール

ボールを持《も》っていない状態《じょうたい》。またはボールに関与《かんよ》していない状態《じょうたい》のこと

POINT

オフ・ザ・ボールの動《うご》きかた①

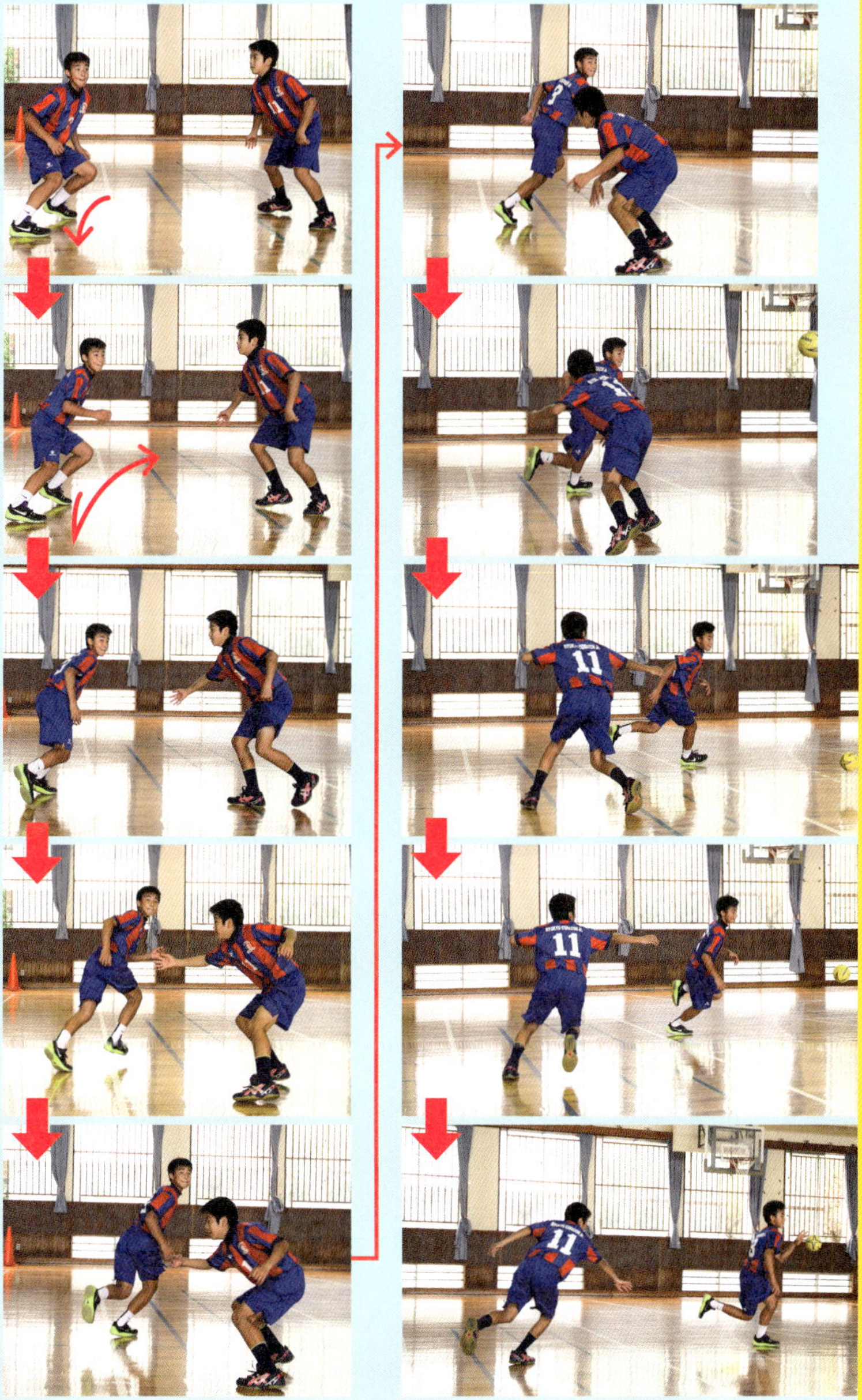

▶味方《みかた》に近《ちか》づいてパスを受《う》けるフリをして右足《みぎあし》に体重《たいじゅう》をかける

▶その動《うご》きを見《み》たディフェンスがついてこようとしたところで右足《みぎあし》から左足《ひだりあし》に体重移動《たいじゅういどう》

▶一気《いっき》に加速《かそく》してディフェンスの背後《はいご》に回《まわ》り込《こ》んでパスを受《う》ける

POINT

オフ・ザ・ボールの動《うご》きかた②

▶ディフェンスが自分《じぶん》と味方《みかた》のパスコースに入《はい》ろうとしているので、大《おお》きく外《そと》に開《ひら》くフリをする

▶そのフェイントにつられてディフェンスの体重《たいじゅう》が外側《そとがわ》にかかったところで味方《みかた》に近《ちか》づく

▶ディフェンスの前《まえ》に入《はい》ってパスを受《う》ける

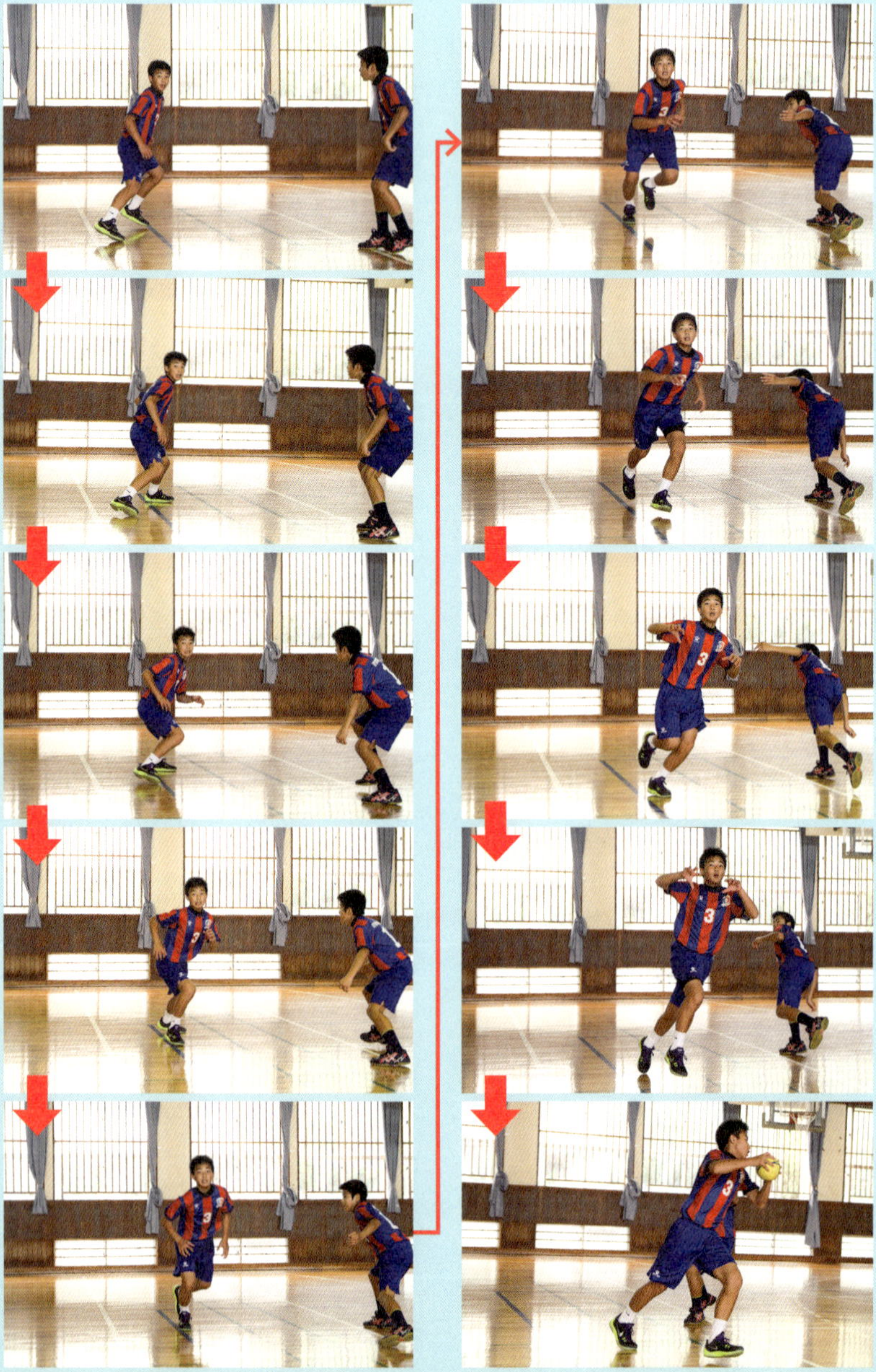

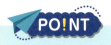

問題《もんだい》19 上級《じょうきゅう》

パス回《まわ》しをしていたのに突然審判《とつぜんしんぱん》が笛《ふえ》を吹《ふ》きました。なぜ反則《はんそく》になったのでしょうか？

1. 攻撃《こうげき》の意思《いし》が見《み》られないと判断《はんだん》された
2. パス回《まわ》しの回数《かいすう》が30回《かい》をこえたから
3. パス回《まわ》しに参加《さんか》していない選手《せんしゅ》がいた

＼ヒント／
hint

問題《もんだい》16でも紹介《しょうかい》したように、ハンドボールは時間《じかん》かせぎはできません。常《つね》に攻《せ》める姿勢《しせい》が大事《だいじ》です。

答《こた》えがわかったらページをめくってね

19の答《こた》え

▼

1

攻撃《こうげき》の意思《いし》が見《み》られないと判断《はんだん》された

OK! 攻撃《こうげき》はシュートで終《お》わろう

▲パスの目的《もくてき》はあくまでもシュートにつなげること。シュートしなければ得点《とくてん》は入《はい》らないので、攻撃《こうげき》の最後《さいご》はシュートで終《お》わることを心《こころ》がけよう

？なんで

パッシブプレーの反則《はんそく》をとられた

ハンドボールは攻守《こうしゅ》の切《き》りかえが早《はや》く、多《おお》くのシュートシーン、ゴールシーンが生《う》まれることが大《おお》きな魅力《みりょく》です。それだけ試合《しあい》では攻撃性《こうげきせい》が求《もと》められます。1点《てん》リードしたからといって時間《じかん》かせぎでシュートにいかないパス回《まわ》しをしていると、攻撃《こうげき》の意思《いし》がないとみなされ、パッシブプレーという反則《はんそく》で、相手《あいて》ボールになります。バスケットボールでは24秒以内《びょういない》（ミニバスケットは30秒以内《びょういない》）にオフェンスを行《おこな》うというルールが定《さだ》められていますが、ハンドボールは明確《めいかく》な時間《じかん》はありません。ただし、審判《しんぱん》が攻撃《こうげき》の意思《いし》がないと判断《はんだん》したら、すぐにパッシブプレーになります。

トライ!

ワンハンドパス&キャッチ〜上級編《じょうきゅうへん》

ボール2個《こ》でやってる!
すごーい

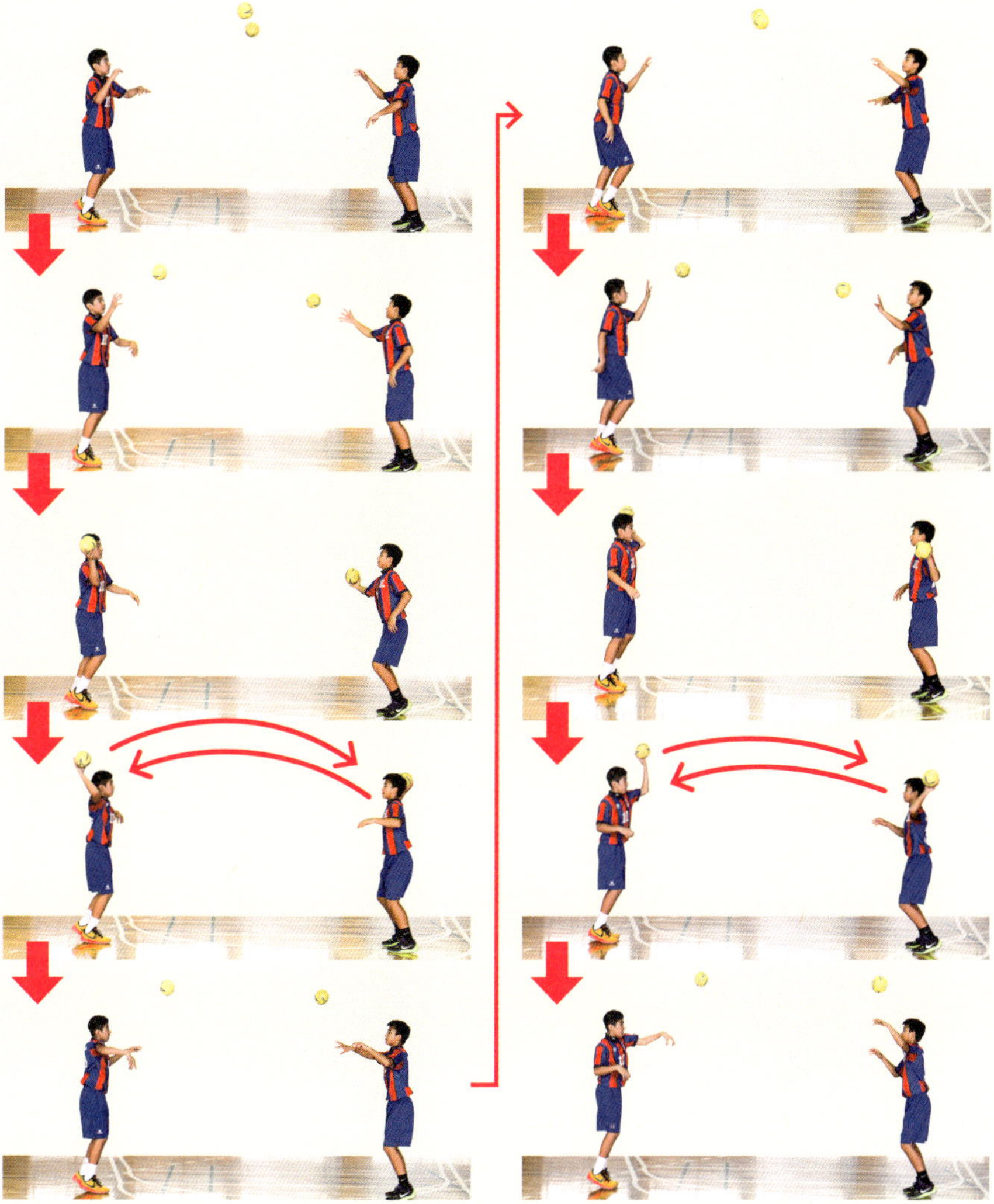

▲ボールを2つ使《つか》うことで広《ひろ》い視野《しや》が求《もと》められ、視野《しや》のトレーニングにもなる

やりかた

58ページで紹介《しょうかい》したワンハンドパス&キャッチの上級編《じょうきゅうへん》。ボールを2つ用意《ようい》し、5mくらい間隔《かんかく》をあけてボールを1つずつ持《も》った2人《ふたり》が向《む》かい合《あ》う。同時《どうじ》にボールを相手《あいて》に向《む》かって投《な》げて、とって→投《な》げてを繰《く》り返《かえ》す。止《と》まったままではなく、足《あし》を動《うご》かしながらやる。左手《ひだりて》でもやってみよう。

ケガに注意《ちゅうい》してプレーしよう！

▲ジャンプ→着地《ちゃくち》が多《おお》いハンドボールはヒザや足首《あしくび》のケガに注意《ちゅうい》が必要《ひつよう》だ

ハンドボールはボールを手《て》で扱《あつか》うため、突《つ》き指《ゆび》をしたり、あるいはヒジや肩《かた》を痛《いた》めたりということもありますが、それ以上《いじょう》に多《おお》いのが足《あし》のケガです。

とくに足首《あしくび》のねんざには注意《ちゅうい》が必要《ひつよう》です。ジャンプしてのシュートやパスの着地《ちゃくち》でひねることもありますし、コンタクトの際《さい》に相手《あいて》の足《あし》を踏《ふ》んでしまってひねることもあります。また、ジャンプ→着地《ちゃくち》の繰《く》り返《かえ》しにより、ヒザを痛《いた》める選手《せんしゅ》も多《おお》くいます。こうしたケガを防《ふせ》ぐためにも練習《れんしゅう》の前《まえ》はしっかりと準備運動《じゅんびうんどう》をしましょう。

ハンドボールはハンドボールシューズのみならず、スパイク以外《いがい》であればどんなシューズをはいても自由《じゆう》です。ただし、足首《あしくび》のケガ予防《よぼう》でハイカットのシューズをはくことはオススメできません。ハイカットのシューズをはくと足首《あしくび》が動《うご》かしづらくなるため、逆《ぎゃく》に悪《わる》い影響《えいきょう》が出《で》てしまいます。足首《あしくび》をケガしているときはサポーターで保護《ほご》するようにしましょう。

第《だい》3章《しょう》

シュート

かっこいいシュートはハンドボールの魅力《みりょく》

シュートはかけひきも大事《だいじ》
きほんと応用《おうよう》を覚《おぼ》えよう

高《たか》く跳《と》びあがってのシュートはハンドボールの見《み》せ場《ば》と言《い》っていいでしょう。かっこいいプレーにはだれもがあこがれます。

ヨーロッパの選手《せんしゅ》はものすごいスピードのシュートをしますが、ただ速《はや》ければシュートが入《はい》るわけではありません。ディフェンスやゴールキーパーとのかけひきもとても大事《だいじ》です。カラダを使《つか》ったフェイントや目線《めせん》のフェイントで、どれだけゴールキーパーを動《うご》かすことができるか。また、ディフェンスをうまく利用《りよう》して、ゴールキーパーの見《み》づらいところからシュートをするなど、いろいろな工夫《くふう》をすることができます。

きほんと応用《おうよう》を覚《おぼ》えてたくさんシュートを決《き》めましょう。

問題《もんだい》
20
中級《ちゅうきゅう》

シュートをするときは どこをねらって打《う》つといいでしょう?

1 四《よ》つ角《かど》をねらう

2 正々堂々《せいせいどうどう》と正面《しょうめん》をねらう

3 股下《またした》をねらう

ビシッと
かっこよく決《き》めたいね

\ヒント/
hint

GKの気持《きも》ちになって考《かんが》えてみましょう。どこに飛《と》んでくるボールは止《と》めやすいですか？　また、大人《おとな》と小学生《しょうがくせい》では身長《しんちょう》も違《ちが》いますよね。

20の答《こた》え ▼ 1 四《よ》つ角《かど》をねらう

なんで

ＧＫが届《とど》きにくいところをねらう

問題《もんだい》02でも説明《せつめい》したようにゴールの大《おお》きさは小学生《しょうがくせい》も大人《おとな》と同《おな》じです。そのゴールを守《まも》っているＧＫの手足《てあし》が届《とど》きにくい場所《ばしょ》をねらってシュートするのがきほん。ゴールの四《よ》つ角《かど》をねらうのがいいでしょう。届《とど》きにくい場所《ばしょ》と同《おな》じく、ＧＫがカラダを動《うご》かしにくいところをねらうのも有効《ゆうこう》です。たとえばワキの下《した》などは手《て》を素早《すばや》く動《うご》かしてブロックしにくい場所《ばしょ》なので、大《おお》きく手《て》を広《ひろ》げて守《まも》っていたらそこをねらうのもいいでしょう。

これ知《し》ってる？ 股下《またした》は有効《ゆうこう》だけど…

シュートを打《う》たれたとき、ＧＫはボールをカラダに当《あ》てるために手足《てあし》を大《おお》きく広《ひろ》げて守《まも》ります。そうした相手《あいて》の守《まも》りかたを利用《りよう》するという意味《いみ》では、股下《またした》をねらったシュートはとても有効《ゆうこう》です。しかし、小学生《しょうがくせい》の場合《ばあい》は大人《おとな》と違《ちが》って身長《しんちょう》が低《ひく》いので、股下《またした》のスペースがあまりなく、防《ふせ》がれやすくなるので注意《ちゅうい》しましょう。

うーん、この選手《せんしゅ》はなんで強《つよ》いシュートが打《う》てないのかなあ？

問題《もんだい》 21

初級《しょきゅう》

**強《つよ》いシュートが打《う》てないのはなぜでしょう？
答《こた》えは○○○○がよくないから。
カタカナ4文字《もじ》で答《こた》えてください。**

ヒント hint

正《ただ》しいこれを身《み》につけることはどんなスポーツでも大事《だいじ》なことです。シュート○○○○とも言《い》います。

答《こた》えがわかったらページをめくってね

21の答《こた》え ▶ フォーム

なんで

フォームが悪《わる》いと強《つよ》いボールを投《な》げられない

シュートの目的《もくてき》はゴールに入《い》れることなのでGKの裏《うら》をかいたり、逆《ぎゃく》を突《つ》いたりすれば、弱《よわ》いシュートでも入《はい》ることはあります。しかし、きほんとして強《つよ》いシュートを投《な》げられるフォームを身《み》につけておきましょう。カラダが傾《かたむ》いていたり、顔《かお》の向《む》きが悪《わる》かったり、踏《ふ》みこむ足《あし》が変《へん》な方向《ほうこう》を向《む》いていたりしたら、強《つよ》いシュートは打《う》てません。ちなみに71ページの選手《せんしゅ》は、足《あし》の向《む》きとカラダの軸《じく》を修正《しゅうせい》すると強《つよ》いシュートが打《う》てるようになります。

NG! 踏《ふ》みこみ足《あし》が ゴールに向《む》かない

▶踏《ふ》みこんだ足《あし》がゴール方向《ほうこう》ではなく、外《そと》に開《ひら》いてしまっている。この踏《ふ》みこみからゴールに向《む》かって投《な》げても踏《ふ》ん張《ば》りがきかずに強《つよ》いボールは投《な》げられない

NG! 利《き》き手《て》と 逆側《ぎゃくがわ》で受《う》ける

▶キャッチの姿勢《しせい》が悪《わる》い。第《だい》2章《しょう》で紹介《しょうかい》したように、次《つぎ》の動作《どうさ》に移《うつ》りやすいようにパスは利《き》き手側《てがわ》で受《う》けるのがきほんだが、利《き》き手《て》とは逆側《ぎゃくがわ》で受《う》けてしまっている

NG! ヒジが下《した》がっている＆ ボールを握《にぎ》れていない

▶強《つよ》いシュートができない要因《よういん》として小学生《しょうがくせい》にありがちなのが、ボールをしっかり握《にぎ》れていないことと、ヒジが下《さ》がっていること

NG! カラダが傾《かたむ》いている

▶カラダが傾《かたむ》いて外《そと》に逃《に》げているのでボールに力《ちから》がしっかり伝《つた》わらない。もちろん、フェイントとしてカラダを傾《かたむ》けながら打《う》つシュートもあるが、まずは軸《じく》をブレさせないことが大事《だいじ》

POINT

3歩《ぽ》で打《う》つステップシュート

まず覚《おぼ》えたいのは
ステップして打《う》つ
ステップシュートだよ

利《き》き手側《てがわ》でパスを受《う》ける
1歩目《ほめ》
2歩目《ほめ》
3歩目《ほめ》
ヒジは肩《かた》より高《たか》く

▲右利《みぎき》きのステップシュートの場合《ばあい》、まずはボールを受《う》けながら左足《ひだりあし》を踏《ふ》みこんで、クロスステップで右足《みぎあし》を前《まえ》に運《はこ》び、最後《さいご》に左足《ひだりあし》を大《おお》きく踏《ふ》みこんでシュートする

1歩《ぽ》で打《う》つステップシュートは 力《ちから》がついてから

なんで

小学生《しょうがくせい》はパワーが足《た》りない

73ページでは3歩《ぽ》で打《う》つステップシュートを紹介《しょうかい》しましたが、こちらは受《う》けたあとの1歩《ぽ》目《め》の足《あし》で踏《ふ》みこんでシュートする、1歩《ぽ》でのステップシュートです。力《ちから》がある大人《おとな》の場合《ばあい》は、1、2、3のリズムで打《う》つよりも、「1、2」や、「1」で打《う》ったほうがGKにタイミングを合《あ》わされにくいのでとても有効《ゆうこう》です。

しかし小学生《しょうがくせい》の場合《ばあい》はまだ力《ちから》が足《た》りないので、ステップをしないとボールに勢《いきお》いがつきません。スピードのないシュートでは、タイミングを外《はず》してもGKに反応《はんのう》されてしまいます。1歩《ぽ》で打《う》つシュートもテクニックとして覚《おぼ》えておくのがよいですが、最初《さいしょ》のうちはきほんとして3歩《ぽ》で打《う》つステップシュートを覚《おぼ》えましょう。

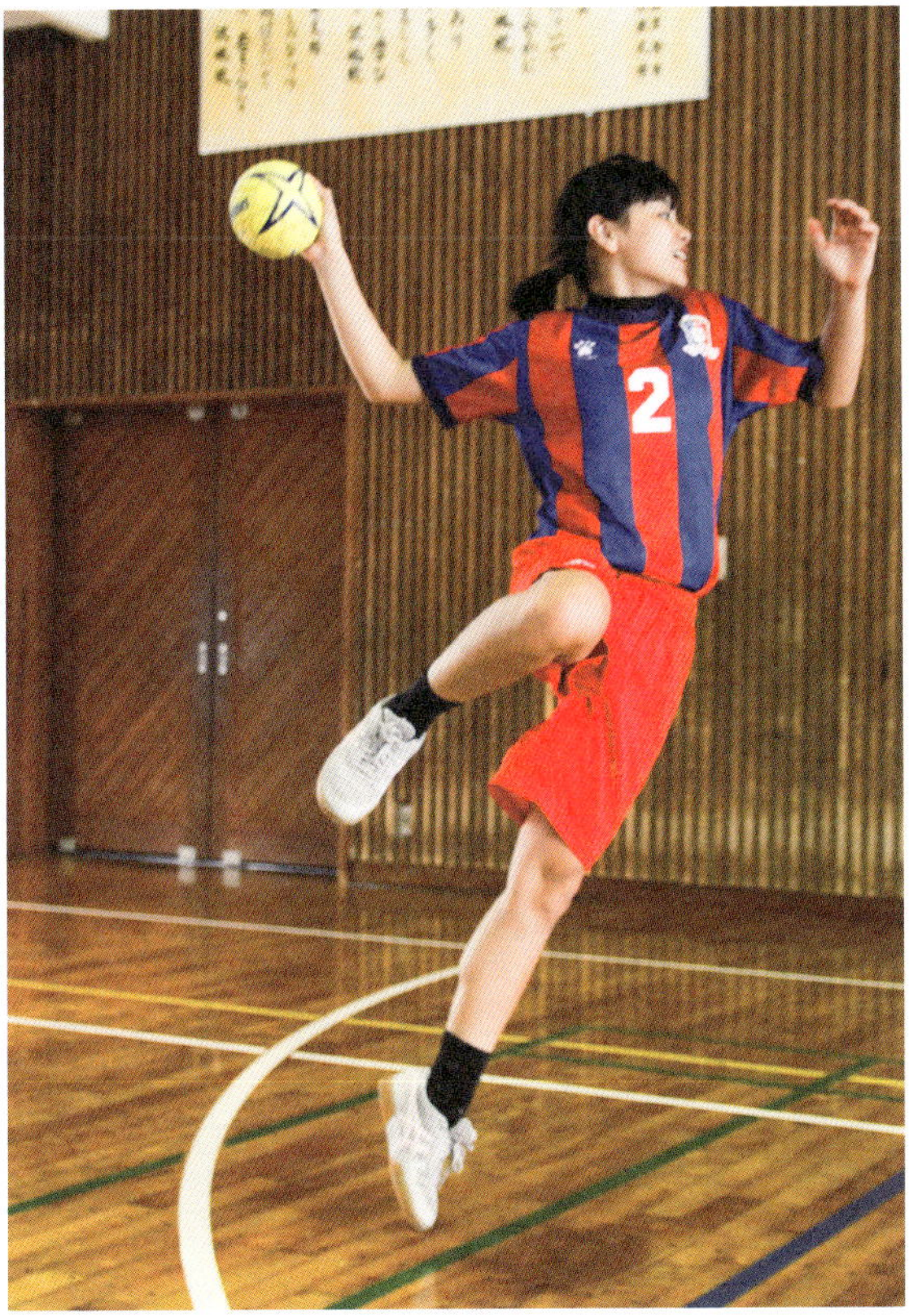

問題《もんだい》
22
初級《しょきゅう》

写真《しゃしん》のようなジャンプシュートが決《き》まりましたが、ゴールが認《みと》められませんでした。それはなぜでしょう？

このシーンの何秒《なんびょう》か前《まえ》をイメージしてみよう

1 ジャンプしてのシュートは反則《はんそく》だから

2 投《な》げるときにボールを持《も》ちかえたから

3 ゴールエリアラインを踏《ふ》んでいたから

ヒント
hint

第《だい》1章《しょう》で紹介《しょうかい》した問題《もんだい》04を思《おも》い出《だ》してみてください。CPが入《はい》れないエリアがありましたよね。

☜ 答《こた》えがわかったらページをめくってね

22の答《こた》え

3

ゴールエリアラインを踏《ふ》んでいたから

なんで

ラインクロスの反則《はんそく》をとられた

問題《もんだい》04で説明《せつめい》したように、ゴールから６ｍの位置《いち》にあるゴールエリアラインのなかに入《はい》れるのはＧＫのみで、ここにＣＰが入《はい》るとラインクロスの反則《はんそく》となり、相手《あいて》ボールになります。ラインのなかに入《はい》らなくても、踏《ふ》んでしまったら、それもラインクロスとなります。

ラインの外《そと》にいる

ラインのなかに入《はい》る

ラインを踏《ふ》む

▶ラインクロス

ＣＰがゴールエリアラインのなかに入《はい》る、またはラインを踏《ふ》む反則《はんそく》のこと

問題《もんだい》

初級《しょきゅう》

23

写真《しゃしん》を見《み》て答《こた》えましょう。いいシュートはどっち?

A

B

注目《ちゅうもく》ポイントは○○。
ぼくもできるかなあ

ヒント
hint

どっちの投《な》げかたのほうが強《つよ》いボールが投《な》げられそうか考《かんが》えてみましょう。ステップシュートのきほんでも紹介《しょうかい》しています（73ページ）。

23の答《こた》え ▼ B

なんで

ヒジの位置《いち》が肩《かた》より高《たか》い

ヒジの位置《いち》が肩《かた》よりも高《たか》くなれば当然《とうぜん》ボールの位置《いち》も高《たか》くなり角度《かくど》がつきます。角度《かくど》がつけばＧＫの目線《めせん》も高《たか》くなり、低《ひく》めへのシュートに反応《はんのう》しにくくなります。逆《ぎゃく》にヒジの位置《いち》が低《ひく》いと角度《かくど》がないため、ＧＫはシュートコースを予測《よそく》しやすくなります。

ヒジの位置《いち》が肩《かた》より低《ひく》い

ヒジの位置《いち》が肩《かた》より高《たか》い

問題《もんだい》

24

初級《しょきゅう》

シュートをしたあと、ゴールエリアラインのなかに入《はい》ってしまいました。これは反則《はんそく》になるのでしょうか？反則《はんそく》にならないでしょうか？

ヒント

hint

プレー中《ちゅう》にゴールエリアラインのなかに入《はい》ったり、ラインを踏《ふ》んだりするのは反則《はんそく》。だけど、プレーが終《お》わったあとはどうでしょうか？

答《こた》えがわかったらページをめくってね

24の答《こた》え ▶ 反則《はんそく》にならない

なんで

空中《くうちゅう》で入《はい》るのはOK

　これまでにも紹介《しょうかい》してきたように、ゴールエリアラインのなかに入《はい》ることができるのはGKだけです。ただし、例外《れいがい》もあります。ハンドボールの試合《しあい》を見《み》たことがある人《ひと》はわかるかもしれませんが、空中《くうちゅう》でゴールエリアラインのなかに入《はい》るのは反則《はんそく》になりません。反則《はんそく》となるのは足《あし》をついた状態《じょうたい》で入《はい》ることです。ゴールエリアラインのなかに跳《と》びながらシュートをして、ゴール、もしくはボールがアウターゴールラインを出《で》てゴールキーパースローになるなど、プレーが完結《かんけつ》した場合《ばあい》は、なかに入《はい》っても反則《はんそく》にはなりません。

▶ゴールキーパースロー

GKから試合《しあい》を再開《さいかい》するときのスローイングのこと

POINT

GKの近《ちか》くまで跳《と》んでシュート

▲ゴールエリアラインの外《そと》からなかに向《む》かって跳《と》ぶのはOKなので、シュートが入《はい》りやすいように、よりGKの近《ちか》くまで跳《と》んでシュートするのが有効《ゆうこう》だ

問題《もんだい》 25

初級《しょきゅう》

ジャンプシュートのきほんはどのタイミングでシュートする？

1. 跳《と》び始《はじ》めでシュート
2. 最高到達点《さいこうとうたつてん》でシュート
3. 着地寸前《ちゃくちすんぜん》でシュート

ヒント
hint

シュートのきほんは高《たか》いところから打《う》つこと？　それとも低《ひく》いところから打《う》つこと？　これまでの問題《もんだい》と回答《かいとう》を参考《さんこう》にしてみましょう。

答《こた》えがわかったらページをめくってね

25の答《こた》え▼2

最高到達点《さいこうとうたつてん》でシュート

なんで

シュートは上《うえ》から打《う》つのがきほん

相手《あいて》GKが一番《いちばん》イヤなのは目線《めせん》を上下《じょうげ》させられることです。目線《めせん》の高《たか》さでくるシュートはスピードが速《はや》くても止《と》めやすいもの。ジャンプしてGKの視線《しせん》を上《あ》げることがジャンプシュートの一《ひと》つのねらいです。GKはアゴが上《あ》がると低《ひく》めにくるシュートに対応《たいおう》しにくくなります。まずはきほんとして最高到達点《さいこうとうたつてん》でシュートできるように練習《れんしゅう》しましょう。

◀高《たか》く跳《と》んで最高到達《さいこうとうたつ》点《てん》でシュート。守備《しゅび》がいるときも上《うえ》から打《う》てるように練習《れんしゅう》でタイミングを覚《おぼ》えよう

1と3はなんでダメなの？

▲跳《と》び始《はじ》めで素早《すばや》く打《う》つシュートは“クイックシュート”と呼《よ》ばれ、GKのタイミングを外《はず》すシュートとして有効《ゆうこう》だが、ディフェンスがいるときは高《たか》さが足《た》りないのでブロックされる可能《かのう》性《せい》が高《たか》くなる

▶クイックシュート

ジャンプの最高点《さいこうてん》になる前《まえ》に打《う》つシュートのこと

▲ギリギリまでボールを持《も》ってシュートするのは有効《ゆうこう》。しかし、着地《ちゃくち》してしまったらオーバーステップの反則《はんそく》になるので、気《き》をつけないといけない

ジャンプシュートをマスターしよう！

真上《まうえ》に高《たか》く跳《と》びあがる
半身《はんみ》の姿勢《しせい》でボールの出所《でどころ》を見《み》づらくする
高《たか》い位置《いち》からシュート

▲ボールを受《う》けとった勢《いきお》いを利用《りよう》して、利《き》き手《て》と逆側《ぎゃくがわ》の足《あし》（写真《しゃしん》は右足《みぎあし》）を踏《ふ》みこみ、真上《まうえ》に高《たか》く跳《と》びあがる。右肩《みぎかた》を入《い》れて半身《はんみ》の姿勢《しせい》を保《たも》ち、高《たか》いところから投《な》げ下《お》ろすようにしてシュート

問題《もんだい》

初《しょ》級《きゅう》

26

シュートを決《き》めたあとの行動《こうどう》として よりよいのは?

1 急《いそ》いで守備《しゅび》にもどる

2 みんなと喜《よろこ》びをわかちあう

3 神《かみ》に祈《いの》りをささげる

\ヒント/
hint

ゴールが決《き》まっても試合《しあい》は止《と》まりません。だとしたらどんな行動《こうどう》をとるのがよいでしょうか?

答《こた》えがわかったらページをめくってね

26の答《こた》え

1 急《いそ》いで守備《しゅび》にもどる

なんで

シュートともどりはワンセットだから

シュートを打《う》ったらそれで終《お》わりではありません。シュートから自陣《じじん》にもどるまでをワンセットと考《かんが》えましょう。シュートの結果《けっか》をぼんやり眺《なが》めたり、決《き》まったからといって大喜《おおよろこ》びするのではなく、素早《すばや》く守備《しゅび》にもどって相手《あいて》の速攻《そっこう》を防《ふせ》ぎます。

◀シュートが決《き》まっても決《き》まらなくても、試合《しあい》はストップすることはないので、すぐに守備《しゅび》にもどる習慣《しゅうかん》をつけよう

喜《よろこ》びすぎに注意《ちゅうい》!

NG!
RYUKYU CORAZON Jr.

▲サッカーではゴールを決《き》めたあとにパフォーマンスをしたり、みんなで喜《よろこ》びをわかちあったりということがあるが、すぐに試合《しあい》が再開《さいかい》されるハンドボールでは、喜《よろこ》ぶよりも守備《しゅび》にもどることが大事《だいじ》だ

これ知《し》ってる? 小学生《しょうがくせい》の場合《ばあい》、得点後《とくてんご》の試合《しあい》はGKから始《はじ》まる

以前《いぜん》はゴールが決《き》まったあとの試合再開《しあいさいかい》はコート中央《ちゅうおう》にもどってからと決《き》まっていました。しかし現在《げんざい》は得点《とくてん》（失点《しってん》）後《ご》、GKがゴールキーパーラインを踏《ふ》んで、審判《しんぱん》の笛《ふえ》で再開《さいかい》します。つまりすぐに守備《しゅび》にもどらないと、あっという間《ま》に得点《とくてん》されてしまう恐《おそ》れがあります。

今《いま》のうちに攻《せ》めちゃおう
喜《よろこ》んでるスキに再開《さいかい》

▶ゴールキーパーライン

ゴール正面《しょうめん》から4mのところに引《ひ》かれた短《みじか》いラインのこと

トライ!

体幹《たいかん》トレーニングでカラダを強《つよ》くしよう

子《こ》どものうちに器具《きぐ》を使《つか》ったトレーニングをすると、カラダに負荷《ふか》がかかりすぎてケガをする恐《おそ》れがあります。まずは自体重《じたいじゅう》で負荷《ふか》をかけた体幹《たいかん》トレーニングでカラダを鍛《きた》えましょう。紹介《しょうかい》する各種目《かくしゅもく》とも最初《さいしょ》は30秒《びょう》1セットとして3～5セットから始《はじ》めて、なれてきたら1セットを1分《ぷん》にしてやってみましょう。

フロントブリッジ

◀うつ伏《ぶ》せになって両方《りょうほう》の前腕《ぜんわん》をついて上体《じょうたい》を浮《う》かせてつま先《さき》を立《た》てる。カラダは一直線《いっちょくせん》になるように保《たも》つ

ヒップリフト

▶あお向《む》けに寝《ね》てヒザを曲《ま》げて立《た》てる。腰《こし》を浮《う》かせて肩《かた》からヒザまでが一直線《いっちょくせん》になるようにする。このとき、つま先《さき》を床《ゆか》から離《はな》すとさらに負荷《ふか》がかかる

サイドブリッジ

◀横向《よこむ》きに寝《ね》て、下《した》になっているほうのヒジをついて横向《よこむ》きのまま上体《じょうたい》を上《あ》げる。カラダを真《ま》っすぐに伸《の》ばして、上《うえ》にある手《て》は真上《まうえ》に伸《の》ばす。反対向《はんたいむ》きもやる

問題《もんだい》 27

中級《ちゅうきゅう》

7mスローではGKとの○○○○が大事《だいじ》です。○に入《はい》るひらがな4文字《もじ》は？

7m スローは
決《き》まったら1点《てん》だね。
ドキドキ…

ヒント
hint

1対《たい》1の勝負《しょうぶ》です。何《なに》も考《かんが》えずに投《な》げるのではなく、相手《あいて》の動《うご》きを見《み》ながら投《な》げましょう。

27の答《こた》え▼

かけひき

なんで

より入《はい》りやすくなる

何《なに》も考《かんが》えずに一定《いってい》のリズムで投《な》げたら、それだけGKは反応《はんのう》しやすく、守《まも》りやすくなります。相手《あいて》にコースを考《かんが》えさせたり、タイミングを外《はず》したりするために、フェイントなどを使《つか》ってかけひきすることが大事《だいじ》です。

投《な》げる場所《ばしょ》を変《か》える

▲真正面《ましょうめん》から投《な》げるのではなく、立《た》ち位置《いち》を変《か》えるとGKは頭《あたま》を悩《なや》ませる。大《おお》きくカラダを傾《かたむ》けた側《がわ》に投《な》げるのか？　それとも逆《ぎゃく》をつくのか？　GKを悩《なや》ませることがかけひきだ

シュートフェイントを入《い》れる

▲投《な》げるフリ、つまりフェイントを使《つか》うことはルールで認《みと》められている。タイミングを外《はず》すためにもフェイントを有効《ゆうこう》に使《つか》ってかけひきしよう

かけひきを使《つか》っての7mスロー

（自分《じぶん》の）右《みぎ》にさそってるのかな？
（自分《じぶん》の）左《ひだり》にきそうだな
そっちか！？

▲カラダを思《おも》いきりゴールに向《む》かって左側《ひだりがわ》に開《ひら》く。こうするとGKは正面《しょうめん》に構《かま》えるべきか、よりボール側《がわ》にカラダを移動《いどう》させるか考《かんが》えることになる。シューターはカラダの位置《いち》と逆《ぎゃく》（ゴールに向《む》かって右《みぎ》）に投《な》げると見《み》せかけて、そのまままっすぐ投《な》げ込《こ》んだ

GK側《がわ》の7mスローでのかけひき

◀7mスローでかけひきをするのは投《な》げる側《がわ》だけではなく、当《とう》然《ぜん》、GK側《がわ》もかけひきをしかけてくる。たとえばゴールの一方《いっぽう》を極端《きょくたん》にあけて、シュートを誘《さそ》うようなこともあるのだ。また、投《な》げる前《まえ》に動《うご》くこともできるので前《まえ》に出《で》てシュートコースをせまくする守《まも》り方《かた》もできる

これ知《し》ってる？ GKの反則《はんそく》

上記《じょうき》のように7mスローの際《さい》、GKは投《な》げる前《まえ》に動《うご》いて相手選手《あいてせんしゅ》にプレッシャーをかけることができます。しかし、ゴールキーパーラインより前《まえ》に出《で》ることはできません。投《な》げる前《まえ》にこのラインより前《まえ》に出《で》てしまうと、シュートをセーブしてもやり直《なお》しになります。

問題《もんだい》 28 上級《じょうきゅう》

7mスローが決《き》まりましたが、得点《とくてん》が認《みと》められませんでした。なぜ反則《はんそく》をとられたのでしょうか？当《あ》てはまると思《おも》うものをすべて選《えら》びましょう。

1. 3秒以内《びょういない》に投《な》げなかった
2. ラインを踏《ふ》んでいた
3. 利《き》き手《て》とは逆《ぎゃく》の手《て》で投《な》げた
4. 片足《かたあし》を上《あ》げて投《な》げた
5. ほかのプレーヤーがフリースローラインよりなかに入《はい》っていた
6. GKの顔面《がんめん》に当《あ》てた

＼ヒント／
hint

答《こた》えは一《ひと》つではありません。これまでにも紹介《しょうかい》してきたルールに当《あ》てはめて考《かんが》えてみましょう。

答《こた》えがわかったらページをめくってね

28の答《こた》え ▶ 1 2 5 6

2 ラインを踏《ふ》んでいた

→ 反則《はんそく》

7mスローは7mラインから投《な》げることが決《き》まっています。この線《せん》より前《まえ》から投《な》げたり、踏《ふ》んで投《な》げたりするのはすべて反則《はんそく》になります。7mスローのラインクロスの詳細《しょうさい》は95ページで紹介《しょうかい》します。

1 3秒《びょう》以内《いない》に投《な》げなかった

→ 反則《はんそく》

問題《もんだい》07で説明《せつめい》したように、選手《せんしゅ》がボールを保持《ほじ》できる時間《じかん》は3秒《びょう》。これは7mスローでも同《おな》じです。7mスローはかけひきが大事《だいじ》なので間《ま》をとったり、フェイントをかけたりすることも必要《ひつよう》ですが、時間《じかん》には気《き》をつけましょう。

---

4 片足《かたあし》を上《あ》げて投《な》げた

→ OK

足《あし》を上《あ》げて重心《じゅうしん》をどちらかに傾《かたむ》けながらGKにゆさぶりをかけるのは7mスローでは有効《ゆうこう》なかけひきです。当然《とうぜん》、これも反則《はんそく》にはなりません。

3 利《き》き手《て》とは逆《ぎゃく》の手《て》で投《な》げた

→ OK

どちらの手《て》で投《な》げても問題《もんだい》はありません。利《き》き手《て》とは逆《ぎゃく》の手《て》で投《な》げたら相手《あいて》GKを驚《おどろ》かせることができるかもしれませんが、7mスローは得点《とくてん》のチャンスなので利《き》き手《て》でしっかりシュートしたほうがいいでしょう。

---

6 GKの顔面《がんめん》に当《あ》てた

→ 反則《はんそく》

シュートが偶然《ぐうぜん》、顔《かお》に当《あ》たってしまったときは反則《はんそく》になりませんが、静止《せいし》しているGKのカラダの縦《たて》のラインで顔《かお》に当《あ》てた場《ば》合《あい》は、故意《こい》にねらったとみなされて、一発《いっぱつ》で失格《しっかく》となります（学生《がくせい》の場合《ばあい》）。

5 ほかのプレーヤーがフリースローラインよりなかに入《はい》っていた

→ 反則《はんそく》

7mスローのとき、フリースローラインよりなかに入《はい》ることができるのは、スローをするプレーヤーだけです。

注意《ちゅうい》！
何《なに》がラインクロスになるのか知《し》っておこう

7mスローのラインクロスにはいろいろなパターンがあるので
しっかりルールを覚《おぼ》えておきましょう。

▲ラインの後《うし》ろであれば、左右《さゆう》に寄《よ》って構《かま》えても反則《はんそく》にはならない

▲ラインの後《うし》ろ、真《ま》ん中《なか》に立《た》つ。これはまったく問題《もんだい》ない

▲両足《りょうあし》が7mラインの幅《はば》より外《そと》に出《で》てしまうと、これも反則《はんそく》になる

▲ラインをこえていなくても踏《ふ》んでしまったら反則《はんそく》になる

これ知《し》ってる？

カラダは外《そと》に出《で》てもいい

写真《しゃしん》のように片足《かたあし》、カラダが大《おお》きくラインの外《そと》に出《で》ていたとしても、一方《いっぽう》の足《あし》が7mラインのなかに残《のこ》っていれば反則《はんそく》にはなりません。

注意《ちゅうい》！
7mスローでよく起《お》こる反則《はんそく》

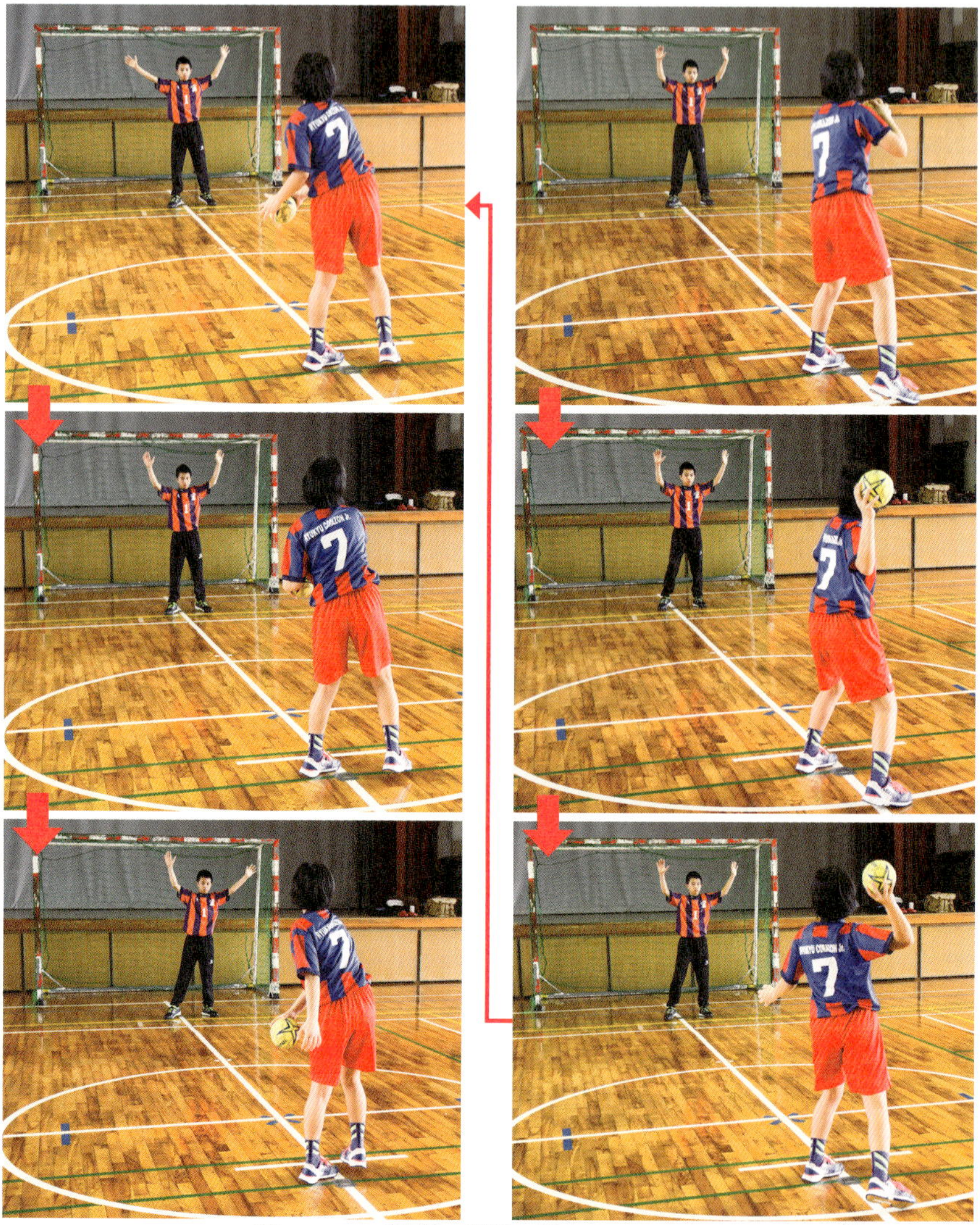

▲7mスローはルールで定《さだ》められた3秒間《びょうかん》を有効《ゆうこう》に使《つか》ってかけひきをする。その際《さい》、シュートフェイントをするときに気《き》をつけたいことが2つある。一《ひと》つは先《さき》に紹介《しょうかい》したように、フェイントをかけすぎて、3秒以上《びょういじょう》時間《じかん》をかけてしまうこと。そしてもう一《ひと》つ、小学生《しょうがくせい》の試合《しあい》でよく見《み》られるのが、フェイントのかけすぎで軸足《じくあし》が動《うご》く反則《はんそく》。写真《しゃしん》は動《うご》いていないが、もし左足《ひだりあし》（軸《じく》足《あし》）が動《うご》くと反則《はんそく》になるので注意《ちゅうい》しよう

問題《もんだい》29
中級《ちゅうきゅう》

前《まえ》にディフェンスがいたら○○○○○を使《つか》ってシュートする

ハンドボール雑学《ざつがく》3

日本《にほん》リーグは男子《だんし》が9チーム、女子《じょし》が7チーム

国内《こくない》のトップリーグである日本《にほん》ハンドボールリーグには、男子《だんし》が9チーム、女子《じょし》が7チーム参加《さんか》している。東京《とうきょう》、大《おお》阪《さか》を拠点《きょてん》とするチームはなく、男子《だんし》は愛知県《あいちけん》を本拠地《ほんきょち》とするチームが3つ（豊田合成《とよだごうせい》、大同特殊鋼《だいどうとくしゅこう》、トヨタ車体《しゃたい》）存《そん》在《ざい》する。

ちょっと復習問題《ふくしゅうもんだい》だね。
5文字《もじ》、5文字《もじ》…

ヒント
hint

サッカーやバスケットでもこれは有効《ゆうこう》なテクニックです。カタカナ5文字《もじ》を当《あ》てはめてみましょう。

答《こた》えがわかったらページをめくってね

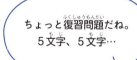

29の答《こた》え ▶ フェイント

なんで

よりシュートがしやすくなる

試合《しあい》ではほとんどの場合《ばあい》、ディフェンスが前《まえ》にいるので、ノーマークでシュートを打《う》てることは速攻以外《そっこういがい》ではあまりありません。そこでフェイントを覚《おぼ》えて、マークを外《はず》すとよりシュートがしやすく、得点《とくてん》しやすくなります。フェイントのきほんは寄《よ》せてからの切《き》り返《かえ》し。次《つぎ》にシュートにつなげるように、かならずゴールに向《む》かうことを心《こころ》がけましょう。

★パスフェイント

パスのフリ
切《き》り返《かえ》し

▲近《ちか》くに味方《みかた》がいる場合《ばあい》はパスフェイントも有効《ゆうこう》。味方《みかた》へパスをするフリをして相手《あいて》ディフェンスを動《うご》かし、カラダを切《き》り返《かえ》してシュートにもっていく

★シュートフェイント

シュートのフリ
切《き》り返《かえ》し

▲思《おも》いきりシュートを打《う》つと見《み》せかけるフェイント。ディフェンスがブロックで跳《と》んだら、カラダを切《き》り返《かえ》してマークをかわしてシュート

問題《もんだい》
30
中級《ちゅうきゅう》

サイドプレーヤーがシュートをするとき、角度《かくど》がむずかしい場合《ばあい》はどうやってシュートをするのがよりよいでしょうか？

1 外《そと》に離《はな》れて打《う》つ

2 なかに跳《と》んで打《う》つ

3 直線的《ちょくせんてき》に跳《と》んで打《う》つ

\ヒント/
hint

角度《かくど》がなくてシュートがむずかしいのであればゴールが見《み》やすい角度《かくど》をつくるように動《うご》くといいでしょう。

 答《こた》えがわかったらページをめくってね

30の答《こた》え ▶ 2 なかに跳《と》んで打《う》つ

なんで

シュートコースの選択肢《せんたくし》が増《ふ》える

どんな形《かたち》でもシュートが入《はい》ればいいので、正解《せいかい》は一《ひと》つではありません。ただし、よりシュートの成功率《せいこうりつ》を高《たか》めようと思《おも》ったらシュートコースの選択肢《せんたくし》を増《ふ》やすほうがよいので、なかに跳《と》んで打《う》つのがよいでしょう。なかに跳《と》ぶ際《さい》の注意点《ちゅういてん》は高《たか》く跳《と》ぶこと。なかに切《き》れ込《こ》んでいっても高《たか》さがないとGKはボールを見《み》やすいので防《ふせ》ぎやすくなります。

1と3はなんでダメなの？

1　外《そと》にいくほど角度《かくど》がなくなる

▲ディフェンスをさけるようにして外《そと》に跳《と》んでしまうと、図《ず》のようにゴールへの角度《かくど》がなくなってＧＫにコースを限定《げんてい》されやすくなるので、シュートはむずかしくなる

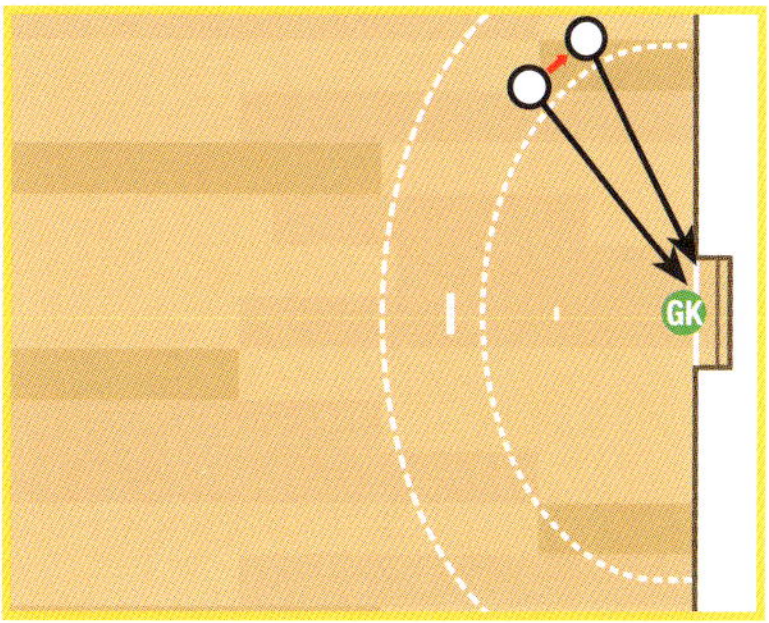

3　ディフェンスがいて高《たか》く跳《と》べない

▲サイドからまっすぐ跳《と》びあがってシュート。ディフェンスが気《き》になってジャンプに高《たか》さがない。普通《ふつう》のステップシュートとＧＫの目線《めせん》は大《おお》きく変《か》わらないため、シュートに反応《はんのう》されやすくなってしまう

トライ!

ジャンプ力《りょく》を鍛《きた》える三段跳《さんだんと》び

ここで紹介《しょうかい》するのはジャンプ力《りょく》を鍛《きた》えることができる三段跳《さんだんと》びです。この練習《れんしゅう》で大事《だいじ》なのは高《たか》さではなくきょり。3歩《ぽ》でどれくらい進《すす》むことができるかやってみましょう。

やりかた

1 両足《りょうあし》をそろえた状態《じょうたい》でスタート
2 腕《うで》をしっかり振《ふ》ってカラダを前《まえ》に
3 1歩目《ぽめ》を大《おお》きく踏《ふ》み出《だ》す。スピードに乗《の》るためにも高《たか》さよりも前《まえ》にいくことを考える
4 着地《ちゃくち》と同時《どうじ》に2歩目《ほめ》を踏《ふ》み出《だ》す
5 勢《いきお》いを落《お》とさないように腕《うで》を振《ふ》って加速《かそく》
6 2歩目《ほめ》を着地《ちゃくち》。着地《ちゃくち》の際《さい》にカラダがブレないようにする
7 最後《さいご》の3歩目《ぽめ》で大きくジャンプ
8 着地《ちゃくち》は両足《りょうあし》で止《と》める。この動《うご》きはジャンプシュートにつながる

問題《もんだい》 31 上級《じょうきゅう》

GKが前《まえ》につめてきて シュートコースをふさがれたときはどうする？

ちなみに7mスローで
GKの顔《かお》に当《あ》ててしまうと
レッドカード（失格《しっかく》）
になるよ

1
3
2

1 ループシュート

2 バウンドシュート

3 ワキの横《よこ》をねらうシュート

\ヒント/ hint

GKが前《まえ》にきているということはシュートコースがせまくなっています。GKに当《あ》てないようにシュートすることが大事《だいじ》です。

答《こた》えがわかったらページをめくってね

31の答《こた》え ▼ 全部正解《ぜんぶせいかい》

なんで

GKをかわすことが大事《だいじ》だから

この場合《ばあい》のシュートで大事《だいじ》なのは、GKをかわすことなので、そのやりかたはどんな方法《ほうほう》でもOKです。

★ループシュート

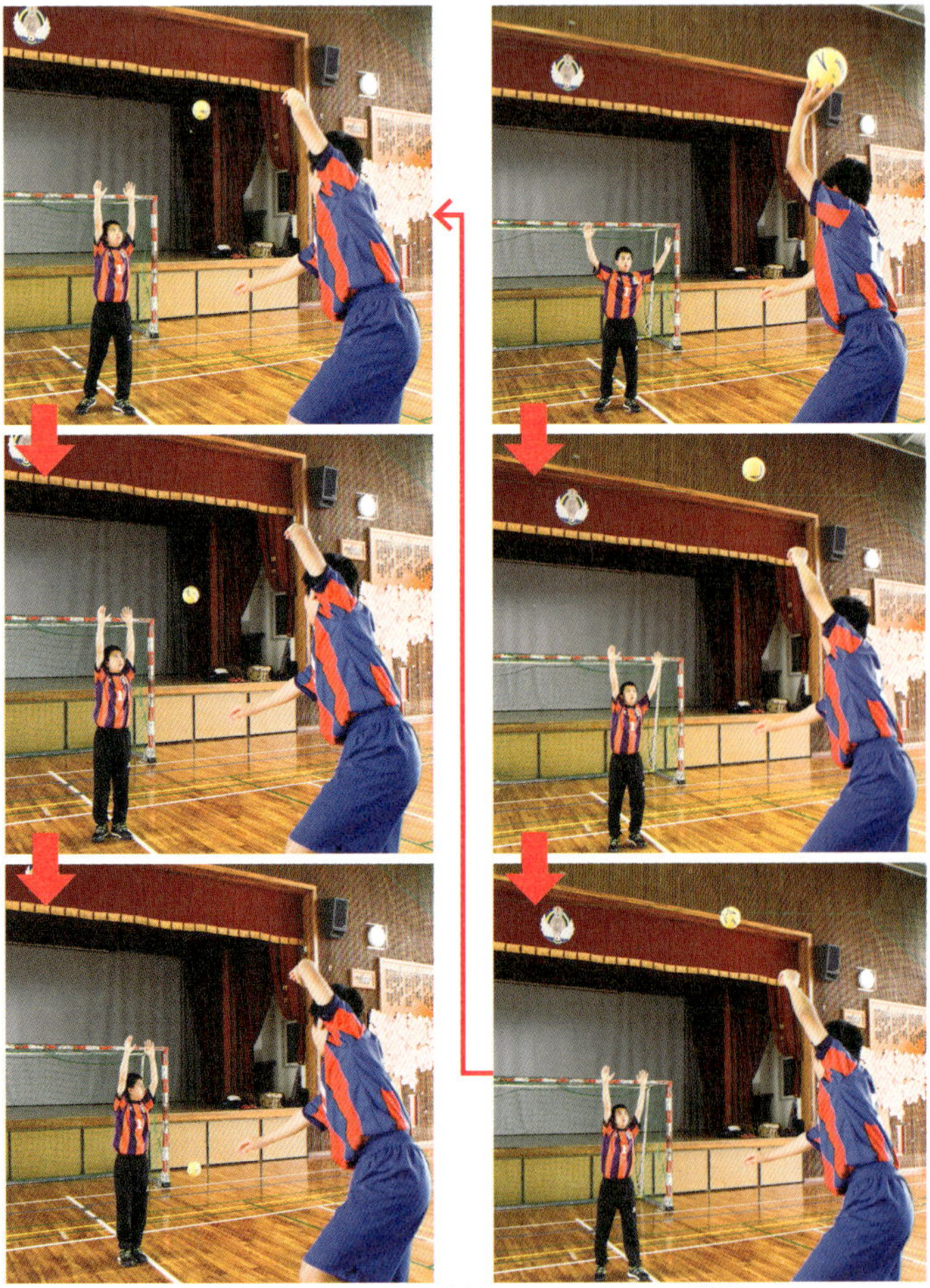

▲ジャンプシュートに対《たい》してGKが前《まえ》に出《で》てきたときに有効《ゆうこう》。GKのジャンプが最高到達点《さいこうとうたつてん》から落《お》ちてきたら、その上《うえ》をぬくループシュート。力《ちから》はいらないので、ふんわりとGKの頭《あたま》の上《うえ》をこえるように投《な》げる

★バウンドシュート

▲同《おな》じくジャンプシュートの勢《いきお》いで跳《と》びあがり、GKが上《うえ》を見《み》てアゴが上《あ》がっているようだったら、バウンドシュートに切《き》りかえる。このとき、あまり強《つよ》く叩《たた》きつけるとはねあがりすぎてゴールの枠《わく》を外《はず》してしまうので注意《ちゅうい》。ゴールの枠《わく》にパスをするイメージでいい

絶妙《ぜつみょう》な加減《かげん》でシュート！

★ワキの横《よこ》をねらってシュート

▲ワキの横《よこ》をねらうシュートの場合《ばあい》、ポイントは最初《さいしょ》からカラダを倒《たお》さないこと。カラダを倒《たお》してしまうと、サイドをねらってくることが読《よ》まれてしまう。一度《いちど》、上《うえ》からＧＫを見《み》て、先《さき》に動《うご》いたのを見《み》てワキの横《よこ》をねらってシュートする

3つとも、右《みぎ》投《な》げの選手《せんしゅ》でも
同《おな》じように考《かんが》えてね

第《だい》4章《しょう》

ディフェンス

勇気《ゆうき》をもって ディフェンスしよう！

ディフェンスは攻撃《こうげき》の第一歩《だいいっぽ》 大事《だいじ》なのは怖《こわ》がらないこと

ハンドボールはカラダのぶつかり合《あ》いが認《みと》められているため、ディフェンスは、痛《いた》くて怖《こわ》い印象《いんしょう》があるかもしれません。実際《じっさい》、相手《あいて》とぶつかれば痛《いた》いのは事実《じじつ》です。だからこそ怖《こわ》がらないことが大事《だいじ》になります。

怖《こわ》いからといって受《う》けにまわると相手《あいて》に攻撃《こうげき》のチャンスを与《あた》えることになります。逆《ぎゃく》に勇気《ゆうき》をもって向《む》かっていけば、攻撃《こうげき》を止《と》めるだけでなく、ボールを奪《うば》えることもあり、ディフェンスを攻撃《こうげき》の第一歩《だいいっぽ》にすることができます。

チーム全員《ぜんいん》で攻《せ》めてチーム全員《ぜんいん》で守《まも》る。それがチームプレーです。ディフェンス時《じ》のきほん姿勢《しせい》やブロックなどの技術《ぎじゅつ》を覚《おぼ》えて、勇気《ゆうき》をもって守《まも》りましょう。

問題《もんだい》 32 初級《しょきゅう》

ディフェンスで大事《だいじ》なのは〇〇〇〇をさせないこと。カタカナ4文字《もじ》で答《こた》えましょう。

〇〇〇〇をさせないことは
なによりも大事《だいじ》だね！

ヒント
hint

これをさせなければ得点《とくてん》される心配《しんぱい》はありません。また、得点《とくてん》はこのプレーから生《う》まれます。

32の答《こた》え ▼ シュート

なんで

シュートをさせなければ点《てん》は取《と》られない

ハンドボールは全員《ぜんいん》で攻《せ》めて全員《ぜんいん》で守《まも》ります。ディフェンスに回《まわ》ったときに最初《さいしょ》に考《かんが》えることはシュートをさせないこと。シュートをさせなければ相手《あいて》に得点《とくてん》をあたえることはありません。それでもシュートを打《う》たれたときはブロックします。

OK!

シュートをさせない

▲シュートをさせないディフェンスを第一《だいいち》に考《かんが》える

OK!

シュートをブロック

▲相手《あいて》がシュートを打《う》ってきたらブロックする

これ知《し》ってる？ GKと連動《れんどう》して守《まも》る

ディフェンスの最大《さいだい》の目的《もくてき》はシュートをさせないことですが、シュートを打《う》たれても得点《とくてん》されなければよいわけです。そのためにもディフェンスはシュートコースを限定《げんてい》して、GKが守《まも》りやすいようにしてあげることも大事《だいじ》になります。この守《まも》りかたについては第《だい》5章《しょう》でも紹介《しょうかい》していきます。

シュートコースがない

▶シューター目線《めせん》で見《み》た場合《ばあい》、シュートコースがない。つまり、いいディフェンスができているということ

壁《かべ》が低《ひく》くバラバラ

▶ディフェンスの手《て》が上《あ》がっていないため、上《うえ》からシュートを打《う》ちやすい。また、ディフェンスの壁《かべ》がバラバラであり、どこからでもシュートをねらえる

コースを限定《げんてい》している

▶一見《いっけん》すると、シューターから見《み》て右側《みぎがわ》ががら空《あ》きのため悪《わる》いディフェンスに見《み》える。しかし、シュートコースが完全《かんぜん》に限定《げんてい》されているため、これならGKは守《まも》りやすいのでOKだ

POINT

守備《しゅび》のシステムを覚《おぼ》えよう①

● 3－2－1（スリー・ツー・ワン）

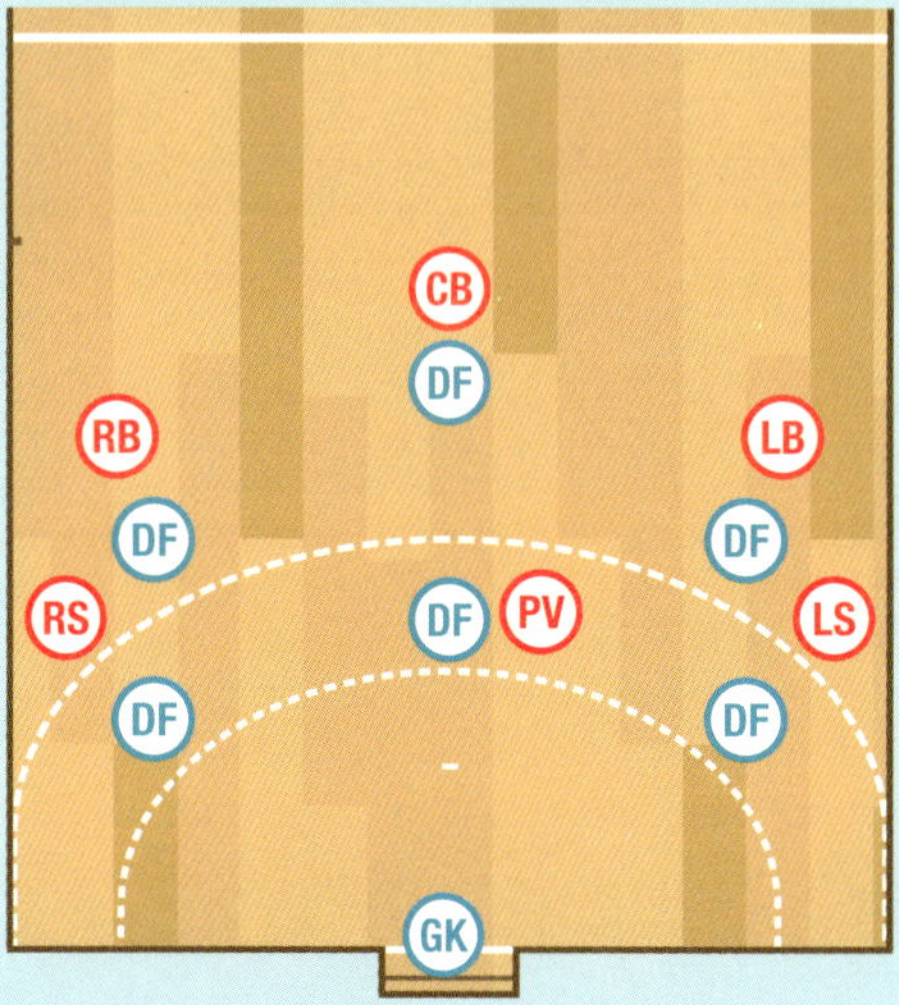

1対《たい》1の強《つよ》さが求《もと》められる

ゴールエリアラインの前《まえ》を3人《にん》で守《まも》り、中央《ちゅうおう》の選手《せんしゅ》が相手《あいて》ピボット(PV)、両《りょう》サイドの選手《せんしゅ》はライトサイド(RS)、レフトサイド(LS)をマーク。同《おな》じくフリースローラインの前《まえ》にも3人《にん》を配置《はいち》。そのうちの1人《ひとり》は相手《あいて》の司令塔《しれいとう》であるセンターバック(CB)をマークし、残《のこ》りの2人《ふたり》がライトバック(RB)、レフトバック(LB)をマークする。システム上《じょう》、1対《たい》1のディフェンスが多《おお》くなるため、各選手《かくせんしゅ》にその対応《たいおう》が求《もと》められる。1対《たい》1の機会《きかい》が多《おお》いと、ボール回《まわ》しを簡単《かんたん》にさせないという利点《りてん》がある。小学生《しょうがくせい》の試合《しあい》ではこのシステムを推進《すいしん》し、3《スリー》クオーターのなかで一度《いちど》はこのシステムを使用《しよう》することになっている。

● 6－0（シックス・ゼロ）

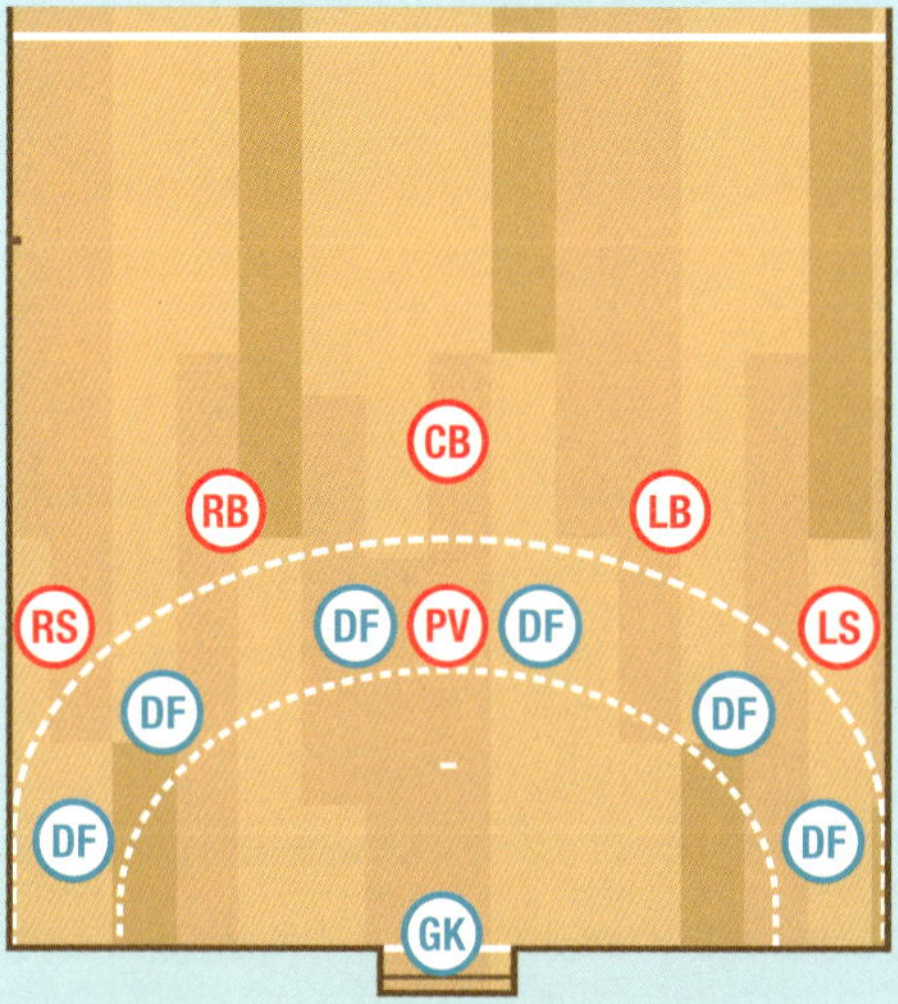

ゾーンでしっかり守《まも》る

ＣＰ6人全員《にんぜんいん》がゴールエリアラインに沿《そ》って立《た》って、ゾーンで相手《あいて》の侵入《しんにゅう》を防《ふせ》ぐシステム。ディフェンスの間隔《かんかく》がせまいため、相手《あいて》のピボットプレーヤーを厳《きび》しくマークすることができる。また、高《たか》いディフェンスのブロックでシュートを防《ふせ》ぐ。ただし、引《ひ》いて守《まも》る形《かたち》になるため、相手《あいて》にパス回《まわ》しを自由《じゆう》にさせてしまうというマイナス面《めん》もある。

問題《もんだい》 初級《しょきゅう》 33

ディフェンスの構《かま》えとしてよりよいのは？

1
両足《りょうあし》を平行《へいこう》にして手《て》を上《あ》げて構《かま》える

2
片方《かたほう》の足《あし》を前《まえ》に出《だ》して手《て》を下《さ》げて構《かま》える

3
片方《かたほう》の足《あし》を前《まえ》に出《だ》して手《て》を上《あ》げて構《かま》える

ヒント
hint

シュートやフェイント、ドリブルなど、相手《あいて》の動《うご》きに対応《たいおう》しやすい構《かま》えはどれでしょうか？

答《こた》えがわかったらページをめくってね

33の答《こた》え

3

片方《かたほう》の足《あし》を前《まえ》に出《だ》して手《て》を上《あ》げて構《かま》える

なんで

シュートブロックができて、動《うご》きにも対応《たいおう》できる

シュートに対《たい》してブロックができるように、手《て》は上《あ》げてディフェンスするのがきほんです。また、足《あし》をそろえて立《た》つよりも、一方《いっぽう》の足《あし》を前《まえ》に出《だ》した形《かたち》で立《た》っていたほうが、相手《あいて》が動《うご》いたときに対応《たいおう》しやすくなります。

◀手《て》を上《あ》げて相手《あいて》のシュートコースを防《ふせ》ぐ

◀相手《あいて》がシュートをあきらめてドリブルをしかけてきたときも、片方《かたほう》の足《あし》を前《まえ》に出《だ》して構《かま》えていればすぐに動《うご》きに対応《たいおう》できる

1と2はなんでダメなの？

手《て》が下《さ》がっていたら シュートされる

▲片方《かたほう》の足《あし》を前《まえ》に出《だ》して相手《あいて》の横《よこ》への動《うご》きに対応《たいおう》する姿勢《しせい》はできている。しかし、手《て》が下《さ》がっているため、上《うえ》のブロックがまったくなく、相手《あいて》は前《まえ》にディフェンスがいても気《き》にしないでシュートを打《う》ってくる

足《あし》が平行《へいこう》だと 左右《さゆう》への対応《たいおう》が遅《おく》れる

▲シュートブロックをするために手《て》を上《あ》げることだけを意識《いしき》し、足《あし》が平行《へいこう》にそろってしまっていると、相手選手《あいてせんしゅ》が左右《さゆう》にゆさぶりをかけてきたときに対応《たいおう》が遅《おく》れてしまう。マークを外《はず》されるとピンチになるので、動《うご》ける姿勢《しせい》でディフェンスすることが大事《だいじ》

POINT

守備《しゅび》のシステムを覚《おぼ》えよう②

● 5－1（ファイブ・ワン）

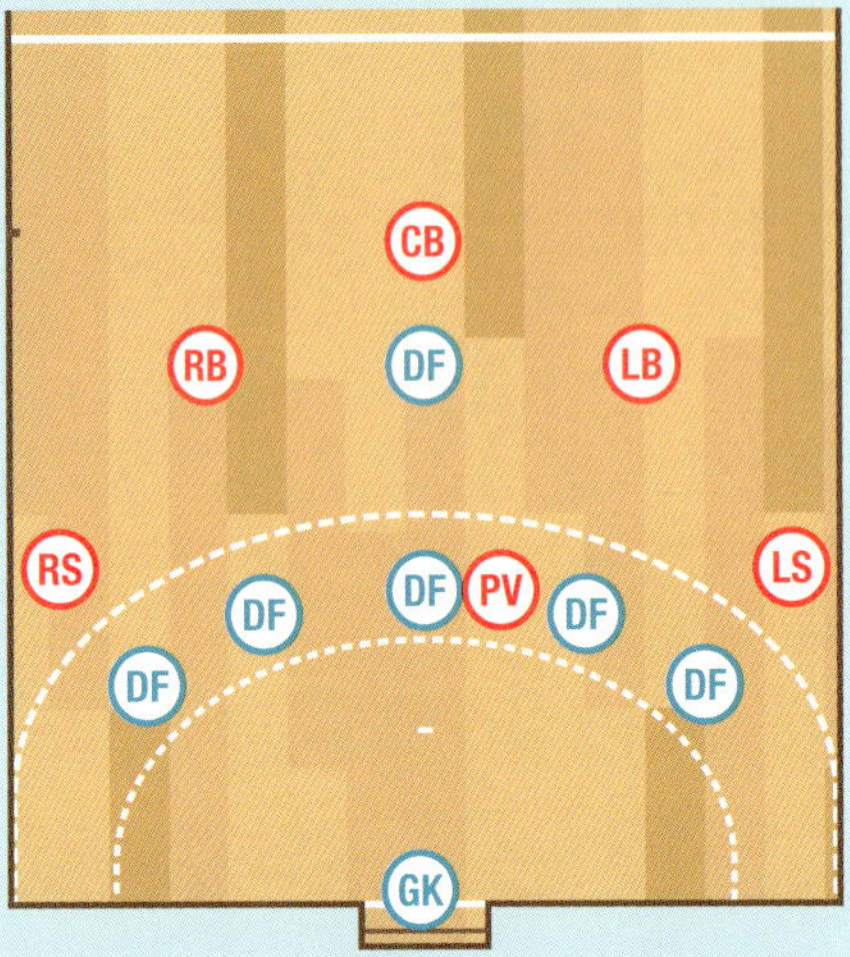

1人《ひとり》が前《まえ》からプレッシャー

ゴールエリアラインに沿《そ》って５人《にん》がならんでゾーンをつくり、１人《ひとり》が前《まえ》に出《で》たシステム。前《まえ》に出《で》た選手《せんしゅ》が、相手《あいて》の司令塔《しれいとう》であるセンターバックをはじめ、フローター陣《じん》にプレッシャーをかけてパス回《まわ》しを妨害《ぼうがい》。ロングシュートがされにくいという利点《りてん》があり、攻撃《こうげき》に転《てん》じたときも１人《ひとり》が前《まえ》にいるため、速攻《そっこう》をしかけやすい。このシステムを使《つか》う場合《ばあい》は前《まえ》に出《で》る選手《せんしゅ》に豊富《ほうふ》な運動量《うんどうりょう》など高《たか》い能力《のうりょく》が求《もと》められる。

▶フローター

センターバックとレフトバック、ライトバックの３選手《せんしゅ》のことを指《さ》す（20ページ）。バックコートプレーヤーとも呼《よ》ぶ

● 3－3（スリー・スリー）

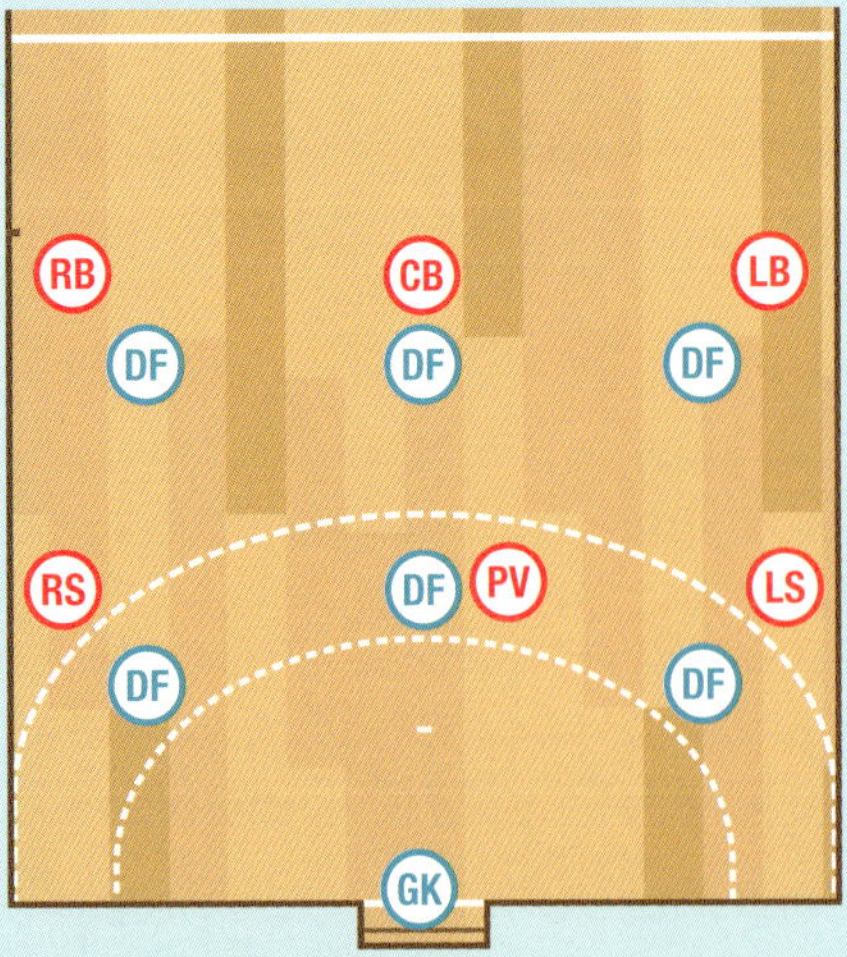

前《まえ》３人《にん》のディフェンスがカギ

ゴールエリアラインに沿《そ》って３人《にん》、その前《まえ》に３人《にん》を配置《はいち》し、3－３でブロックをつくるシステム。相手《あいて》フローター陣《じん》をマークする３選手《せんしゅ》が１対《たい》１に強《つよ》い場合《ばあい》はオススメ。前《まえ》からプレッシャーがかかるため、相手《あいて》は中央突破《ちゅうおうとっぱ》が困難《こんなん》になる。一方《いっぽう》で後《うし》ろを守《まも》る選手《せんしゅ》が３人《にん》なのでサイド攻撃《こうげき》やピボットプレーヤーを使《つか》ったポストプレーに対《たい》しては弱《よわ》い面《めん》もある。

▶ポストプレー

前線《ぜんせん》で攻撃《こうげき》の起点《きてん》をつくるプレー

問題《もんだい》
34
中級《ちゅうきゅう》

こぼれたボール（ルーズボール）をとりにいくときのやりかたとしてよりよいのは？

A いち早《はや》く手《て》を出《だ》してとりにいく

B 相手《あいて》とボールの間《あいだ》にカラダを入《い》れる

＼ヒント／
hint

相手《あいて》に触《さわ》らせないためにはどうしたらいいでしょうか？　自分《じぶん》がこぼれたボールをとりにいくときのことを考《かんが》えてみましょう。

答《こた》えがわかったらページをめくってね

34の答《こた》え ▼ B

相手《あいて》とボールの間《あいだ》にカラダを入《い》れる

なんで
確実《かくじつ》にマイボールにする

Aのいち早《はや》く手《て》を出《だ》してとりにいくのも間違《まちが》いではありませんが、相手《あいて》にカラダを入《い》れられると、手《て》を出《だ》してもボールを触《さわ》れません。カラダで相手《あいて》をブロックしながらマイボールにしましょう。

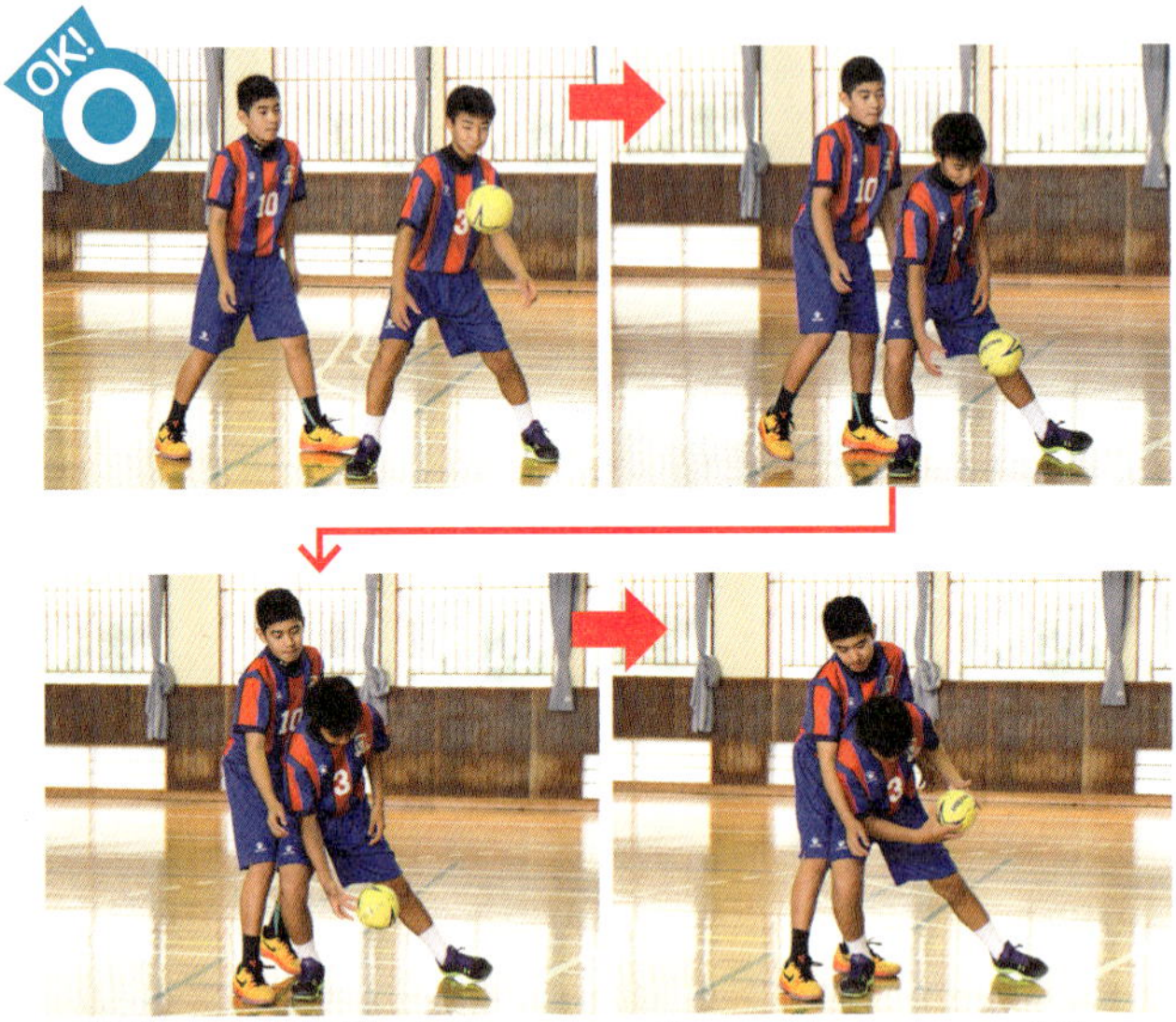

カラダで相手《あいて》をブロック

▲相手《あいて》とボールの間《あいだ》に自分《じぶん》のカラダを入《い》れてルーズボールを自分《じぶん》のものにする

これ知《し》ってる？ カラダを先《さき》に入《い》れられてもあきらめない

相手《あいて》のほうが反応《はんのう》が早《はや》く、先《さき》にカラダを入《い》れられたとしても奪《うば》い返《かえ》すチャンスはあります。相手《あいて》にキャッチされる前《まえ》に手《て》を伸《の》ばしてはじき出《だ》すとボールは再《ふたた》びルーズボールになります。写真《しゃしん》ではボールだけをはじいているので問題《もんだい》はありませんが、このとき、相手《あいて》を横《よこ》、または後《うし》ろから押《お》すと反則《はんそく》となるので注意《ちゅうい》しましょう。

問題《もんだい》

35

中級《ちゅうきゅう》

シュートブロックの姿勢《しせい》としてよりよい姿勢《しせい》は、A と B のどちらでしょう?

＼ヒント／
hint

シュートブロックの姿勢《しせい》ではありますが、シュートフェイントへの対応《たいおう》も考《かんが》えてみましょう。

35の答《こた》え ▶ B

なんで

相手《あいて》の動《うご》きを限定《げんてい》できている

🚩Bのディフェンスの構《かま》えは相手《あいて》の動《うご》きを限定《げんてい》できています。シューターの真後《まうし》ろから見《み》たとき、ディフェンスのカラダは完全《かんぜん》に利《き》き手側《てがわ》（右《みぎ》側《がわ》）にあるため、シュートをブロックしやすい体勢《たいせい》ができています。また、ディフェンスが右側《みぎがわ》にカラダ１歩出《ぼで》ているため、シューターがマークを外《はず》すために動《うご》くとしたら左《ひだり》側《がわ》になります。ディフェンスはシューターの左側《ひだりがわ》の足《あし》（写《しゃ》真《しん》では右足《みぎあし》）を１歩引《ぼひ》いているため、相手《あいて》が動《うご》いてきても逆《ぎゃく》を取《と》られることなく動《うご》きについていくことができます。

Aのディフェンスはなんでダメなの？

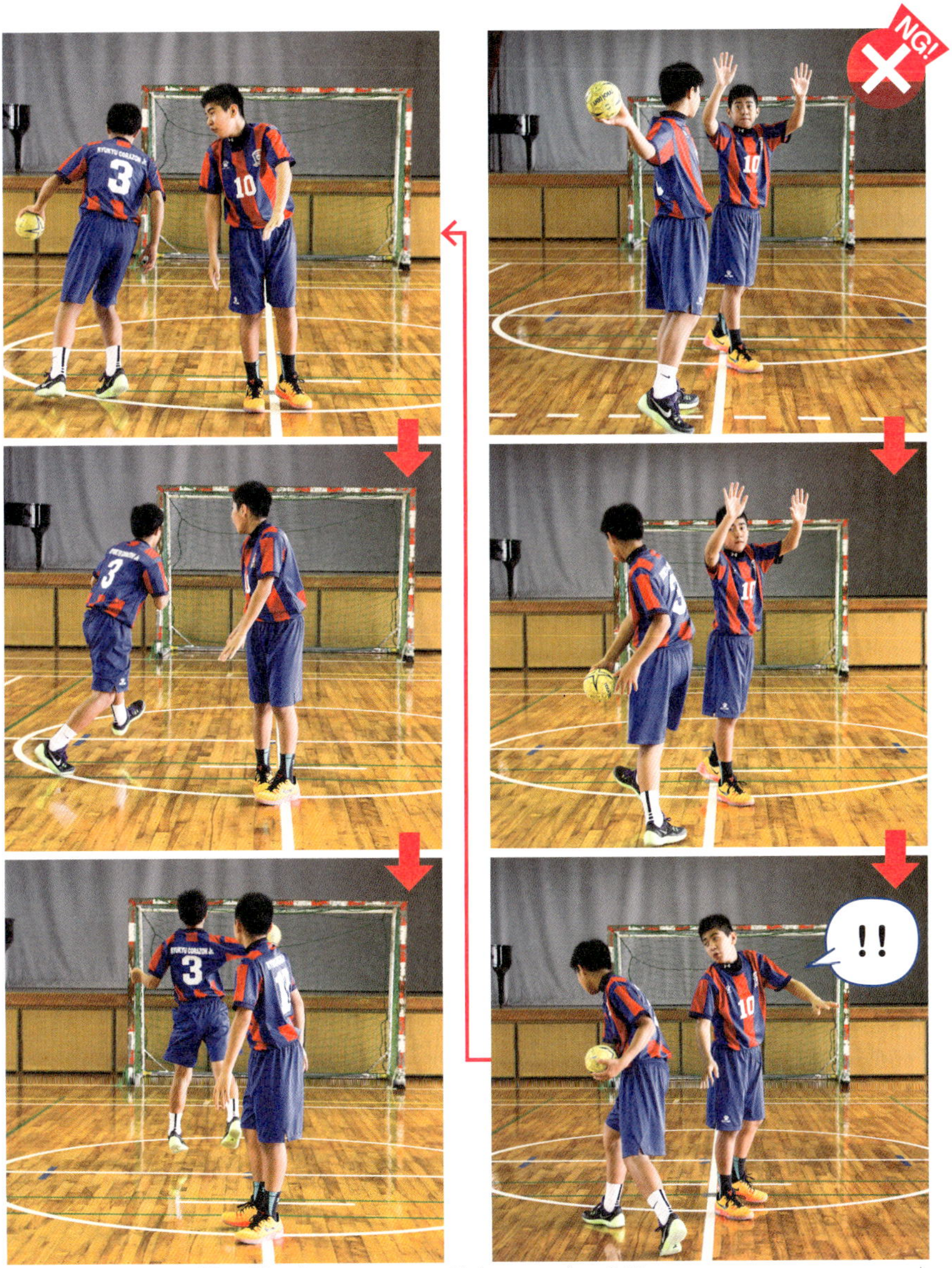

▲ディフェンスは右足《みぎあし》を前《まえ》に出《だ》してカラダを半身《はんみ》にして利《き》き手側《てがわ》のシュートをブロックする姿《し》勢《せん》をつくっている。そのままシュートがくればブロックすることができるが、シュートフェイントから左《ひだり》に動《うご》かれると、カラダの動《うご》きが逆《ぎゃく》になってしまうため、対応《たいおう》が遅《おそ》くなってしまう。ディフェンスするときはブロックすることと同時《どうじ》に、動《うご》きやすい姿勢《しせい》であることも大事《だいじ》

これ知《し》ってる？ 相手《あいて》の攻撃位置《こうげきいち》で守備《しゅび》の対応《たいおう》は変《か》わる

フリースローライン付近《ふきん》
＝動《うご》ける姿勢《しせい》でブロック

▲ゴールから9mのフリースローライン付《ふ》近《きん》でのディフェンスは手《て》を上《あ》げてブロックをつくりつつ、ヒザは少《すこ》し曲《ま》げてフェイントに対応《たいおう》できるようにする

10 m以上《いじょう》離《はな》れている
＝ブロックを高《たか》くつくっておく

▲相手《あいて》のきょりが遠《とお》いときは手《て》をしっかり上《あ》げてブロックをつくっておくだけでいい。万《まん》が一《いち》ロングシュートが来《き》ても十分《じゅうぶん》にGKが防《ふせ》ぐことができる

シュート体勢《たいせい》＝ブロックする

▲相手《あいて》がシュート体勢《たいせい》に入《はい》ったらブロックに跳《と》ぶ。ゴールの枠《わく》にシュートがいかないように守《まも》る

問題《もんだい》 36 上級《じょうきゅう》

パスカットで大事《だいじ》なことはなんでしょうか？当《あ》てはまるものをすべて選《えら》びましょう。

11
10

A きょり

B 時間《じかん》

C 持久力《じきゅうりょく》

D タイミング

E 運《うん》

F 姿勢《しせい》

「パスカット」は
パスをカット（じゃま）
するという意味《いみ》だよ

＼ヒント／
hint

パスカットするためにはパスコースに入《はい》ることが大《だい》事《じ》です。そのために必要《ひつよう》なものはなんでしょうか？

答《こた》えがわかったらページをめくってね

36の答《こた》え

▼

A きょり

D タイミング

F 姿勢《しせい》

なんで

きょりは遠《とお》すぎず近《ちか》すぎず

相手《あいて》がパスを出《だ》す選手《せんしゅ》はノーマークに近《ちか》い選手《せんしゅ》です。その選手《せんしゅ》とのきょり感《かん》はパスカットをするうえでとても大事《だいじ》になります。また、すぐに動《うご》き出《だ》せる姿勢《しせい》をとっていて、タイミングよく動《うご》くことが大事《だいじ》です。

タイミングのいいパスカット

◀「パスが出《で》た瞬間《しゅんかん》に動《うご》けばパスコースに入《はい》れる」という位置《いち》で相《あい》手《て》をマークし、動《うご》き出《だ》しやすい姿勢《しせい》をとっておく。パスが出《で》たらタイミングよく相手《あいて》とパスの間《あいだ》に入《はい》っていき、ボールをカットする

きょりが遠《とお》すぎる

▲動《うご》き出《だ》せる姿勢《しせい》はできているが、パスコースに入《はい》っていくためにはきょりがあきすぎている。これではタイミングよく動《うご》き出《だ》してもボールをカットすることはできない

姿勢《しせい》が悪《わる》く反応《はんのう》できない

▲マークする選手《せんしゅ》とのきょりは近《ちか》すぎず遠《とお》すぎずでいい。しかし、ヒザが伸《の》びきり動《うご》ける姿勢《しせい》ではないため、パスが出《で》た瞬間《しゅんかん》に動《うご》き出《だ》そうとしても反応《はんのう》が遅《おく》れてしまい、カットすることができない

POINT

ディフェンスで心《こころ》がけたいこと

第《だい》4章《しょう》のまとめとして、ディフェンスで心《こころ》がけたいことを整理《せいり》します。全員《ぜんいん》で攻《せ》めて全員《ぜんいん》で守《まも》ることがきほんとなるので、みんなで声《こえ》をかけあって、自分《じぶん》の守《まも》るべきポジションをしっかり守《まも》るようにしましょう。

POINT ① ムダな反則《はんそく》はしない

▶はげしいコンタクトが当《あ》たり前《まえ》のハンドボールでは反則《はんそく》はつきものだが、シュートのない場所《ばしょ》でのはげしいディフェンスはムダな反則《はんそく》が増《ふ》えるだけ。ロングシュートを打《う》たせてもいいエリア、フリースローで止《と》めるエリアなど、場所《ばしょ》によって守《まも》りかたを考《かんが》えることが大事《だいじ》

POINT ② ＧＫと連係《れんけい》して守《まも》る

▶ディフェンスでシュートをブロックできなくても、ＧＫが守《まも》りやすいようにコースを限定《げんてい》できれば、それはナイスディフェンスになる。どこから相手《あいて》が攻《せ》めてきたらどう守《まも》るのか、ＧＫと連係《れんけい》がとれていれば守《まも》りやすくなる

POINT ③ もどる意識《いしき》をもつ

▶攻撃《こうげき》をしたあとはすぐにディフェンスにもどる意識《いしき》をもつようにする。シュートが決《き》まったあとに喜《よろこ》んだり、シュートが外《はず》れて悔《くや》しがったりするのではなく、すぐに守備《しゅび》にもどって守《まも》ることが大事《だいじ》

第《だい》5章《しょう》

ゴールキーパー

GKはとくに重要《じゅうよう》なポジション！

シュートは1分《ぷん》に1本《ぽん》ペース それを止《と》めれば勝利《しょうり》に近《ちか》づく

ゴールキーパー（GK）は、ハンドボールのなかでもとくに重要《じゅうよう》なポジションです。試合《しあい》では1分《ぷん》に1本《ぽん》くらいのペースでシュートがくるので、それを多《おお》く止《と》めることができればチームは勝利《しょうり》に近《ちか》づきます。ゴールを守《まも》る最後《さいご》のとりでであり、ある意味《いみ》、一番責任《いちばんせきにん》のあるポジションと言《い》えるかもしれません。

日本《にほん》リーグのプレーオフでも、ヨーロッパのビッグゲームでも、MVPに選《えら》ばれる可能性《かのうせい》がもっとも高《たか》いのが、GKです。いろいろな場所《ばしょ》から飛《と》んでくるシュートを防《ふせ》ぐためには、勇気《ゆうき》と身体能力《しんたいのうりょく》の高《たか》さが大事《だいじ》。また、ディフェンスとの共同作業《きょうどうさぎょう》で守《まも》ることも必要《ひつよう》なので、そうしたチームプレーも覚《おぼ》えましょう。

問題《もんだい》37
初級《しょきゅう》

GKの構《かま》えかたとして正《ただ》しいのは？

1 足《あし》は肩幅《かたはば》くらいで手《て》を上《あ》げて構《かま》える

2 足《あし》は肩幅《かたはば》くらいでワキをしめて構《かま》える

3 手足《てあし》を目《め》いっぱい広《ひろ》げて構《かま》える

ヒント
hint

シュートコースをせまくするためにはどういう構《かま》えがいいでしょう？　もちろん、動《うご》けることも大事《だいじ》です。

答《こた》えがわかったらページをめくってね

37の答《こた》え

1

足《あし》は肩幅《かたはば》くらいで手《て》を上《あ》げて構《かま》える

なんで

できるだけ大《おお》きく、なおかつ動《うご》ける姿勢《しせい》

ゴールがせまく見《み》えるのはシューターにとってイヤなこと。そのためにもＧＫはカラダを大《おお》きく見《み》せることが大事《だいじ》です。2のようにワキをしめて構《かま》えると、手《て》を伸《の》ばすのが遅《おく》れてしまいますし、3のように足《あし》を大《おお》きく広《ひろ》げていると左右《さゆう》への動《うご》きが悪《わる》くなってしまいます。

これ知《し》ってる？ ＧＫは長《なが》そで、長《なが》ズボンが多《おお》い

28ページでも紹介《しょうかい》したように、ＧＫはＣＰと同《おな》じユニフォームを着《き》ることができません。多《おお》くの場合《ばあい》、長《なが》そでや長《なが》ズボンのユニフォームを着用《ちゃくよう》しています。ボールを止《と》めるのが役割《やくわり》であるため、カラダの保護目的《ほごもくてき》というのが一《ひと》つと、着衣《ちゃくい》により少《すこ》しでもカラダの面積《めんせき》を大《おお》きくするという目的《もくてき》もあります。

問題《もんだい》 初級《しょきゅう》
38

低《ひく》いシュートがきました。手《て》を出《だ》すのは間《ま》に合《あ》わなそうですが、どうすればいいでしょうか？

1 低《ひく》いシュートは反則《はんそく》だから気《き》にしない

2 無理《むり》やりでも手《て》で止《と》める

3 足《あし》を使《つか》って止《と》める

ヒント
hint

CPは足《あし》を使《つか》うことが禁止《きんし》されていますが、GKの場合《ばあい》はどうでしょうか？

答《こた》えがわかったらページをめくってね

38の答《こた》え▼

3

足《あし》を使《つか》って止《と》める

ナイスブロック！
しっかり足《あし》を使《つか》って
ボールを止《と》めているね

なんで

GKは足《あし》を使《つか》うことができる

高《たか》いところから低《ひく》いところへ打《う》つのがシュートのきほん。また、手《て》の高《たか》さよりも足《あし》の高《たか》さのほうがGKは反応《はんのう》しづらいので、当然《とうぜん》、シューターは足《あし》もとをねらってきます。そんなときは足《あし》でブロックしましょう。CPの場合《ばあい》は、足《あし》にボールが当《あ》たると相手《あいて》ボールになり、また、わざと足《あし》で蹴《け》る、止《と》めるなどした場合《ばあい》は退場《たいじょう》となります。しかし、GKは足《あし》でのブロックが認《みと》められているので、低《ひく》いシュートは足《あし》で防《ふせ》ぐのです。

これ知《し》ってる？

ルーズボールも足《あし》で止《と》められる

GKはシュートだけでなくルーズボールも、手《て》でとりにいくより足《あし》でとりにいくほうが早《はや》いと判断《はんだん》したら、足《あし》で止《と》めることができます。ただし、GKが足《あし》を使《つか》えるのはゴールエリアラインのなかだけです。ここから出《で》たらCPと同《おな》じ扱《あつか》いになるため、足《あし》を使《つか》うことはできなくなります。

問題《もんだい》 39

中級《ちゅうきゅう》

GKはシュートを打《う》ってくる選手《せんしゅ》の○○○に自分《じぶん》のカラダの向《む》きを合《あ》わせることが大事《だいじ》。○○○に3文字《もじ》を入《い》れて答《こた》えましょう。

このポイントを知《し》っておくと
シュートを防《ふせ》ぐのが
楽《らく》になるかも？！

ヒント
hint

これをしっかり見《み》ていないとシュートを止《と》めることはできません。GKは相手《あいて》にゴールをせまく見《み》せることも大事《だいじ》です。

39の答《こた》え

▼ ボール

なんで

カラダの位置《いち》とボールの位置《いち》は違《ちが》うから

ボールの出《で》どころにカラダの位置《いち》を合わせておくと、シュートコースを読《よ》みやすくなります。シューターはカラダを傾《かたむ》けた方向《ほうこう》と逆《ぎゃく》からシュートしてくる場合《ばあい》もあるので、相手《あいて》のカラダと位置《いち》を合《あ》わせると反《はん》応《のう》が遅《おく》れることがあります。

ボールの角度的《かくどてき》に左側《ひだりがわ》は空《あ》けていい

OK!

▲右利《みぎき》きの選手《せんしゅ》のボールの位置《いち》にカラダを合《あ》わせると、（正《しょう》面《めん》から見《み》て）ゴールの右側《みぎがわ》を守《まも》る形《かたち》になる。角度的《かくどてき》に左側《ひだりがわ》へのシュートはむずかしいので空《あ》いていても構《かま》わない

相手《あいて》の真正面《ましょうめん》に構《かま》える

OK!

▲シューターのポジションは上《うえ》の写真《しゃしん》と同《おな》じだが、左利《ひだりき》きの選手《せんしゅ》のボールの位置《いち》にカラダを合《あ》わせると、ほぼゴールの真《ま》ん中《なか》に構《かま》えることになる。左利《ひだりき》きが右《みぎ》サイドにいる場合《ばあい》は左右《さゆう》どちらにもシュートをねらえるため、このポジションどりになるのだ

問題《もんだい》 40
中級《ちゅうきゅう》

サイドからのシュートを防《ふせ》ぐポイントは？

A 先手《せんて》をとって先《さき》に動《うご》く

B 相手《あいて》をよく見《み》て先《さき》に動《うご》かない

C 小《こ》きざみにジャンプして
シューターをまどわせる

正解《せいかい》は一《ひと》つだよ

ヒント
hint

大事《だいじ》なのはシューターのねらうコースをしっかりと見極《みきわ》めることです。そのためにはどうしたらよいでしょうか。

40の答《こた》え

▼

B

相手《あいて》をよく見《み》て先《さき》に動《うご》かない

なんで

先《さき》に動《うご》くと相手《あいて》の思《おも》うつぼ

先《さき》に動《うご》いてしまうと、シューターはＧＫの手《て》が届《とど》かないところをねらって投《な》げてきます。そうならないためにはがまんが大事《だいじ》。シューターの動《うご》きをよく見《み》て、相手《あいて》がこれ以上動《いじょううご》けないと思《おも》ったところで動《うご》けば、コースを限定《げんてい》することができてシュートを止《と》めやすくなります。

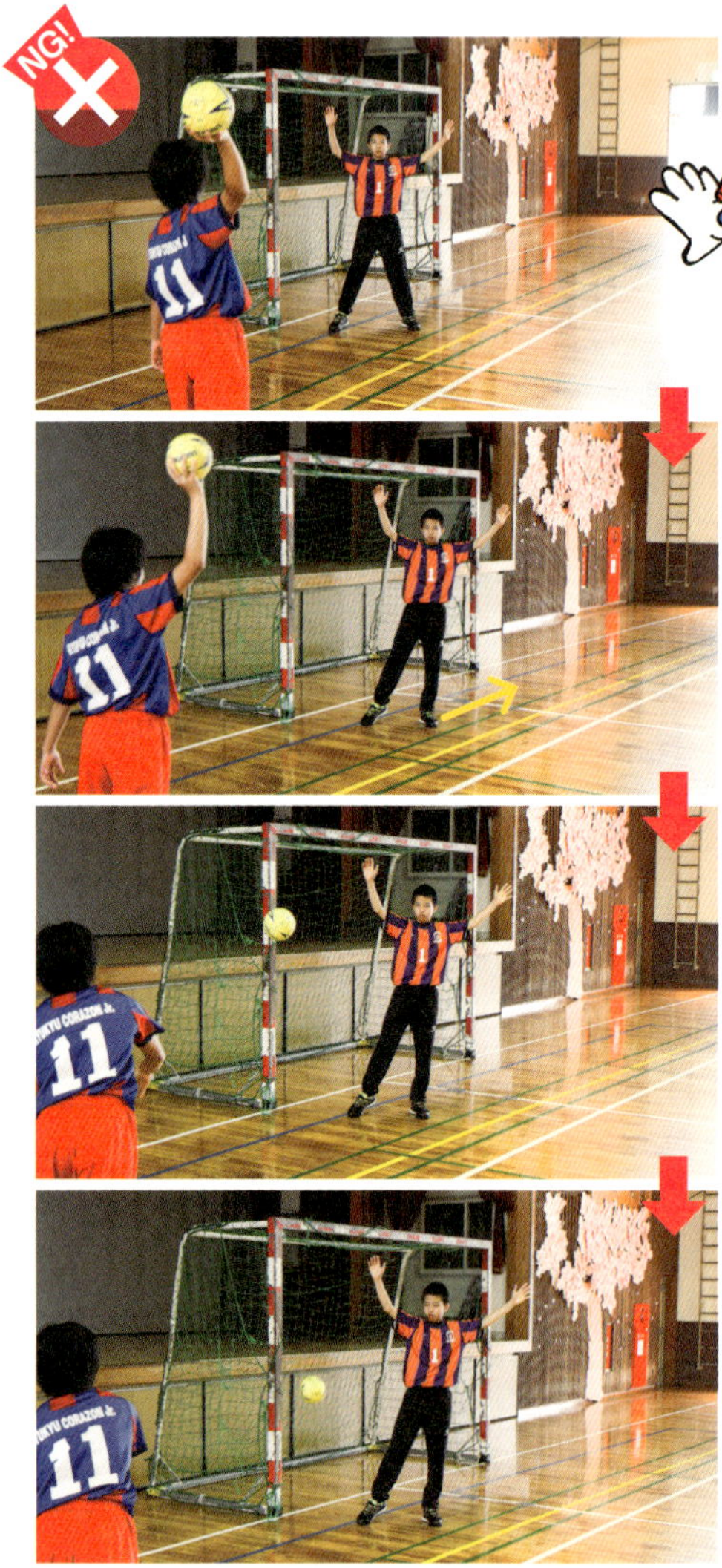
NG!

◀先《さき》に動《うご》いてしまう

◀逆《ぎゃく》を突《つ》かれて止《と》められない

ギリギリまでがまんしよう

問題《もんだい》 41 上級《じょうきゅう》

シュートはディフェンスと連動《れんどう》して防《ふせ》ぎます。写真《しゃしん》のようにディフェンスが守《まも》ったとき、GKはどこを意識《いしき》して守《まも》ればよいでしょうか？

ハンドボール雑学《ざつがく》4

沖縄県《おきなわけん》はハンドボール王国《おうこく》

沖縄県《おきなわけん》は総人口《そうじんこう》に対《たい》してハンドボール協会《きょうかい》に登録《とうろく》している人《ひと》の割合《わりあい》が333人《にん》に1人《ひとり》と他県《たけん》に比《くら》べて圧倒的《あっとうてき》に多《おお》く、なかでも浦添市《うらそえし》は20校以上《こういじょう》ある公立小中学校《こうりつしょうちゅうがっこう》すべてにハンドボール部《ぶ》がある。

ディフェンスが
守《まも》ってくれているコースは
任《まか》せればOKだ！

\ヒント/ hint

相手《あいて》がシュートをしやすいコースを考《かんが》えてみましょう。

 答《こた》えがわかったらページをめくってね

41の答《こた》え ▼ 自分《じぶん》の左側《ひだりがわ》

？ なんで

右側《みぎがわ》はディフェンスが守《まも》っているから

写真《しゃしん》のようなシューター目線《めせん》で見《み》た場合《ばあい》、シュートコースはディフェンスがいない、正面《しょうめん》を見《み》て右側《みぎがわ》になります。つまり、ＧＫは自分《じぶん》の左側《ひだりがわ》を意識《いしき》して守《まも》ります。すべてのコースを１人《ひとり》で守《まも》るのはむずかしいので、こうしてディフェンスにシュートコースを限定《げんてい》させながらゴールを守《まも》るようにするのです。

とはいえ、フェイントに備《そな》えて
右側《みぎがわ》にも意識《いしき》を向《む》けておこうね

これ知《し》ってる？ 三角形《さんかくけい》で守《まも》る

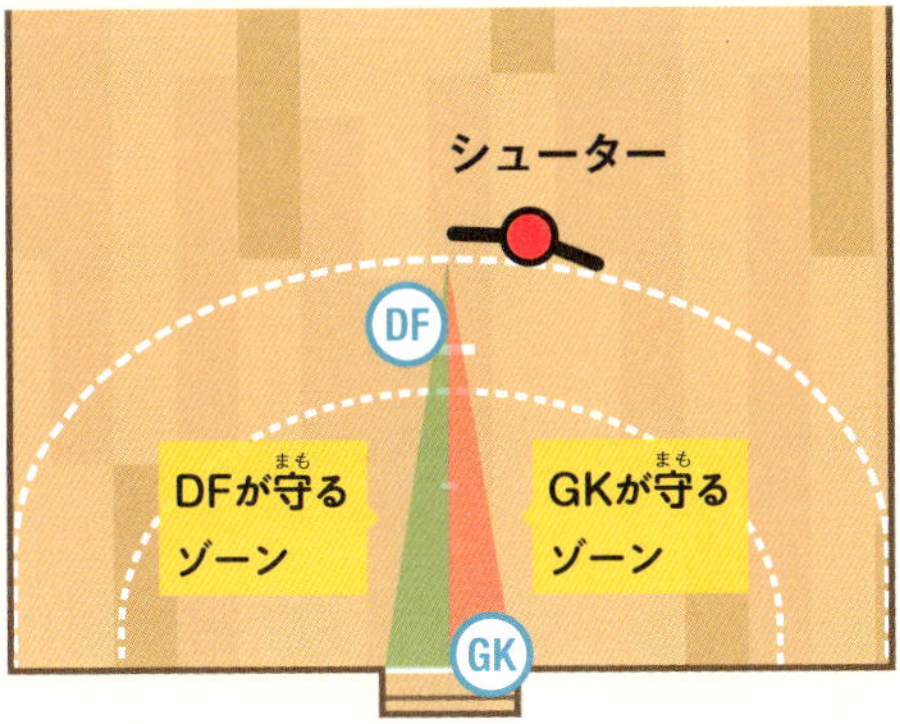

図《ず》のようにボールとゴールの両端《りょうはし》を結《むす》んだ三角形《さんかくけい》を２つにわけて、片方《かたほう》をＧＫ、もう片方《かたほう》をＤＦが守《まも》るようにするのがきほんの守《まも》りかたになります。相手《あいて》が速攻《そっこう》をしかけてきたときでも、この守《まも》りかたを頭《あたま》に入《い》れて壁《かべ》をつくりましょう。

ＧＫ目線《めせん》で守《まも》る位置《いち》を考《かんが》えてみよう

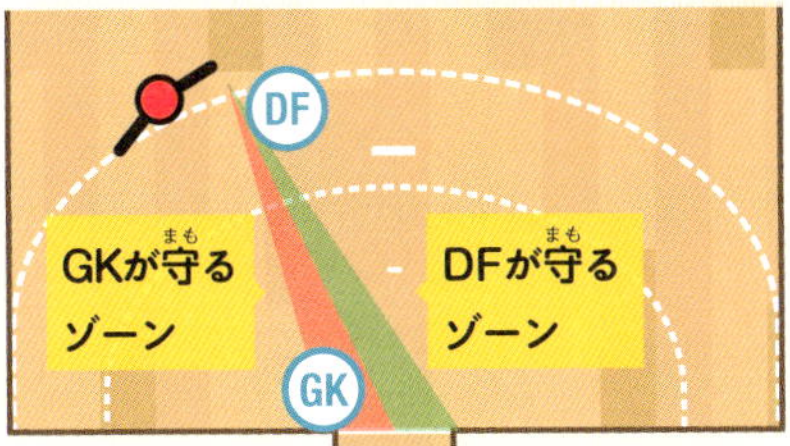

▲ディフェンスがシューターの左手側《ひだりてがわ》に壁《かべ》をつくっているのでGKは右手側《みぎてがわ》を守《まも》る

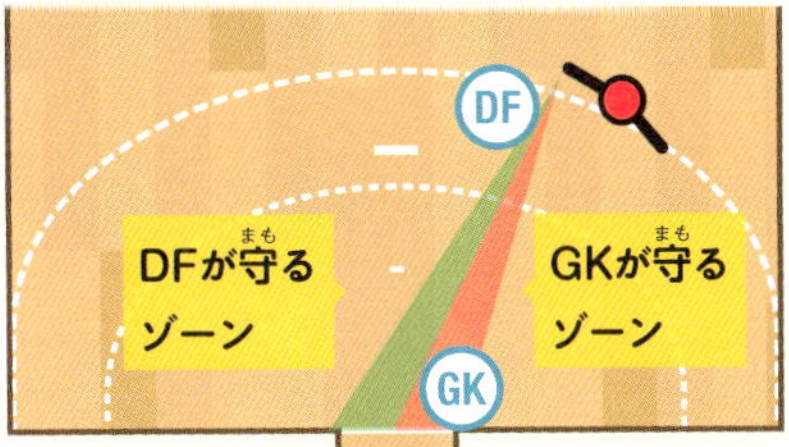

▲ディフェンスがシューターの右手側《みぎてがわ》に壁《かべ》をつくっているのでGKは左手側《ひだりてがわ》を守《まも》る

ハンドボール用《よう》語《ご》集《しゅう》（さくいん）

ア

アウターゴールライン ……… 12・80
20mラインのうち、ゴールラインをのぞいた左右《さゆう》両端《りょうはし》の8・5mのラインのこと。シュートをGKがはじいてこのラインをこえた場合《ばあい》は守備側《しゅびがわ》のボールとなってゲームが再開《さいかい》される

イエローカード ……… 23
悪質《あくしつ》な反則《はんそく》や反《はん》スポーツマンシップ行為《こうい》があった場合《ばあい》に出《だ》されるカード

オーバーステップ ……… 26・57・83
ボールを持《も》って4歩《ほ》以上《いじょう》歩《ある》く（走《はし》る）反則《はんそく》

オーバータイム ……… 54
1人《ひとり》の選手《せんしゅ》が3秒以上《びょういじょう》ボールを保持《ほじ》する反則《はんそく》

オフェンスファウル ……… 22
攻撃側《こうげきがわ》の選手《せんしゅ》の反則《はんそく》

オフ・ザ・ボール ……… 60〜62
ボールを持《も》っていない、またはボールに関与《かんよ》していない状態《じょうたい》のこと

カ

クイックシュート ……… 83
ジャンプの最高点《さいこうてん》になる前《まえ》に素早《すばや》く打《う》つシュート

コートプレーヤー（CP） ……… 9・10・15・23・28・45・46・54・130・131
GKをのぞく、コート内《ない》でプレーする選手《せんしゅ》

ゴールエリアライン ……… 12・14・15・16・24・46・75・76・79・80・112・116・132
ゴール前方《ぜんぽう》6mの位置《いち》に引《ひ》かれた半円《はんえん》の線《せん》。このなかにはGKしか入れない

ゴールキーパー（GK） ……… 9・10・15・16・19・28・45・46・68・70・72・76・78・82・83・87・89〜94・100・101・103〜106・122・126〜133・136〜139
自軍《じぐん》のゴールエリア内《ない》に位置《いち》し、全身《ぜんしん》を使《つか》ってゴールを守《まも》る選手《せんしゅ》

ゴールキーパースロー ……… 80
GKから試合《しあい》を再開《さいかい》するときのスローイングのこと

ゴールキーパーライン ……… 87・92
ゴール正面《しょうめん》から4mのところに引《ひ》かれた短《みじか》いラインのこと

ゴールライン ……… 12
20mラインの中心《ちゅうしん》の3mのライン。このラインをボールがこえるとゴールとなり得点《とくてん》が入《はい》る

サ

ジャンプシュート ……… 75・81・82・84・102・104・105
ジャンプして打《う》つシュート

ジャンプパス ……… 55
ジャンプしながらのパス

シュートフェイント ……… 98・119・121
シュートすると見《み》せかけて相手《あいて》をかわすフェイント

ステップシュート ……… 73・74・77
1〜3歩《ぽ》、足《あし》を踏《ふ》みこんで打《う》つシュート

センターバック ……… 20・112・116
チームの司令塔《しれいとう》。CP全体《ぜんたい》を見《み》ながら攻撃《こうげき》の起点《きてん》となる選手《せんしゅ》

センターライン ……… 12
コート中央《ちゅうおう》に引《ひ》かれた線《せん》のこと

タ

ダブルドリブル ……… 48・52
①こねるようにして手《て》のひらが上《うえ》を向《む》く形《かたち》でドリブルをする反則《はんそく》②一度《いちど》ドリブルを止《と》めて、そのあともう一度《いちど》ドリブルをする反則《はんそく》

ナ

7mスロー …… 24・89・91・92・94～96・103

シュートシーンなど得点《とくてん》可能《かのう》な場面《ばめん》で反則《はんそく》があった際《さい》に与《あた》えられる、7mラインからのペナルティースロー。CPとGKの1対《たい》1の勝負《しょうぶ》となる

7mライン …… 12・13・14・24・94・95

ゴールラインから7mの位置《いち》にある、1m幅《はば》の線《せん》。ここから7mスローが行《おこな》われる

ハ

バウンドシュート …… 103・105

バウンドさせてゴールをねらうシュート

バウンドパス …… 41・42・43

床《ゆか》にワンバウンドさせて出《だ》すパス

パスカット …… 42・46・123～124

相手《あいて》チームのパスを奪《うば》うプレー

パスフェイト …… 98

パスをすると見《み》せかけて相手《あいて》をかわすフェイント

バックパス …… 44

肩《かた》を入《い》れかえながら背中《せなか》ごしに出《だ》すパス

パッシブプレー …… 64

パス回《まわ》しをしていて攻撃《こうげき》の意思《いし》がないとみなされた場合《ばあい》の反則《はんそく》。パッシブとは英語《えいご》で「消極的《しょうきょくてき》な」という意味《いみ》

ピボットプレーヤー …… 20・112・116

ディフェンスラインに入《はい》ってカラダを張《は》れる、大《おお》きくて強《つよ》い選手《せんしゅ》が務《つと》めるポジション

フェイント …… 35・62・68・72・90・96・98・113・122・138

相手《あいて》をまどわすための動作《どうさ》のこと

プッシュパス …… 44

近《ちか》いきょりの味方《みかた》に投《な》げるときに使《つか》うパス

フリースロー …… 24・27・46・126

反則《はんそく》があった場合《ばあい》、その地点《ちてん》からゲームを再開《さいかい》するために行《おこな》うスロー

フリースローライン …… 12・13・14・24・94・112・122

ゴールから9mの位置《いち》に引《ひ》かれた半円《はんえん》の線《せん》。この線《せん》の内側《うちがわ》で攻撃側《こうげきがわ》の選手《せんしゅ》が守備側《しゅびがわ》の選手《せんしゅ》に反則《はんそく》を受《う》けた場合《ばあい》、このラインにもどってからゲームを再開《さいかい》する

ポストプレー …… 116

前線《ぜんせん》で攻撃《こうげき》の起点《きてん》をつくるプレー

ポストプレーヤー …… 20

前線《ぜんせん》で攻撃《こうげき》の起点《きてん》をつくる攻撃側《こうげきがわ》の選手《せんしゅ》

ラ

ライトサイド …… 18・20・112

速攻《そっこう》のときの中心《ちゅうしん》となるスピードのある選手《せんしゅ》が多《おお》いポジション。左利《ひだりき》きに向《む》いている

ライトバック …… 18・20・112

ロング、ミドルシュートを決《き》めるなど、得点力《とくてんりょく》に優《すぐ》れた選手《せんしゅ》が入《はい》るポジションで左利《ひだりき》きが向《む》いている

ラインクロス …… 76・94・95

CPがゴールエリアラインのなかに入《はい》る、またはラインを踏《ふ》む反則《はんそく》。7mスローの際《さい》もラインを踏《ふ》んだり、こえたりするとこの反則《はんそく》になる

ラテラルパス …… 44

横方向《よこほうこう》に出《だ》すパス

ルーズボール …… 117・118・132

両《りょう》チームのだれも保持《ほじ》していないこぼれ球《だま》

ループシュート …… 103・104

GKの頭《あたま》ごしに放《はな》つ山《やま》なりのシュート

レッドカード …… 23・103

同《おな》じ選手《せんしゅ》が3回《かい》、退場《たいじょう》になると出《だ》されるカード。これによって失格《しっかく》になると、その選手《せんしゅ》は試合《しあい》にもどることができなくなる

レフトサイド …… 20・112

バックプレーヤーのサポートをしてサイドシュートをする。速攻《そっこう》のときの中心《ちゅうしん》となるため、スピードのある選手《せんしゅ》が多《おお》い

レフトバック …… 20・112

ロング、ミドルシュートを決《き》めるなど得点源《とくてんげん》となる選手《せんしゅ》が入《はい》るエースポジション

おわりに

みんなで喜《よろこ》び、みんなで悔《くや》しがる チームメイトを大切《たいせつ》にしましょう

　この本《ほん》のなかでも紹介《しょうかい》しましたが、ハンドボールは選手交代《せんしゅこうたい》が自由《じゆう》で何回《なんかい》でもできます。チームのメンバー全員《ぜんいん》がコートに立《た》てるチャンスがあり、活躍《かつやく》の場面《ばめん》も全員《ぜんいん》にあります。もしも攻撃《こうげき》でミスをしたとしてもディフェンスで取《と》り返《かえ》すことができますし、シュートがうまくいかないときは、味方《みかた》へのパスでチームを助《たす》けることもできます。

　たとえば、1試合《しあい》で1人《ひとり》の選手《せんしゅ》が10点《てん》とったとしても、それは1人《ひとり》の力《ちから》だけでとったものではありません。シュートを打《う》つまでには仲間《なかま》が守《まも》ってくれて、パスをつないでくれたというプロセスがかならずあります。ハンドボールはチームメイトと力《ちから》を合《あ》わせてプレーすることが大《だい》事《じ》なのです。

　みんなでプレーをするからこそ、勝《か》ったときはみんなで一緒《いっしょ》になって喜《よろこ》ぶことができますし、負《ま》けたときはみんなで悔《くや》しがることができます。仲間《なかま》を大切《たいせつ》にすることは、スポーツとしてだけでなく、きっと人間形成《にんげんけいせい》にも役立《やくだ》つはずです。

　小学生年代《しょうがくせいねんだい》では、まだまだハンドボールにふれられる環境《かんきょう》は多《おお》くありません。だからこそ、この本《ほん》を通《つう》じて少《すこ》しでもハンドボールに興味《きょうみ》をもって、プレーしたいと思《おも》う子《こ》どもが増《ふ》えてくれたら、うれしく思《おも》います。

水野裕矢《みずのゆうや》

●著者《ちょしゃ》

水野裕矢《みずのゆうや》

1980年《ねん》7月9日《がつここのか》、山梨県出身《やまなしけんしゅっしん》。10歳《さい》のときに塩山《えんざん》ハンドボールクラブにて、ハンドボールを始《はじ》める。塩山中《えんざんちゅう》→駿台甲府高《すんだいこうふこう》→明治大《めいじだい》→甲府《こうふ》クラブ→HC東京《とうきょう》を経《へ》て、2008年《ねん》から沖縄県《おきなわけん》の琉球《りゅうきゅう》コラソンに加入《かにゅう》。入団《にゅうだん》2年目《ねんめ》の2009年《ねん》からキャプテンに就任《しゅうにん》し、チームをけん引《いん》した。2014年《ねん》シーズンを最後《さいご》にユニフォームを脱《ぬ》ぎ、現在《げんざい》は株式会社琉球《かぶしきがいしゃりゅうきゅう》コラソンCEO、琉球《りゅうきゅう》コラソンGMとしてチームの運営《うんえい》を支《ささ》えつつ、琉球《りゅうきゅう》コラソンジュニアの男子《だんし》チーム監督《かんとく》も兼任《けんにん》。そのほか、ハンドボールスクールを定期的《ていきてき》に行《おこな》い、競技《きょうぎ》の普及《ふきゅう》に努《つと》めている。

●撮影協力《さつえいきょうりょく》

石田孝一《いしだこういち》（琉球《りゅうきゅう》コラソンジュニア女子《じょし》チーム監督《かんとく》）

●撮影協力《さつえいきょうりょく》チーム

琉球《りゅうきゅう》コラソンジュニア

2011年《ねん》に発足《ほっそく》。日本《にほん》ハンドボールリーグJrカップでは、男子《だんし》が2011年《ねん》、13年《ねん》、15年《ねん》に優勝《ゆうしょう》。女子《じょし》は2011年《ねん》、14年《ねん》、15年《ねん》に優勝《ゆうしょう》を飾《かざ》っている強豪《きょうごう》チーム。

デザイン／有限会社ライトハウス
　　　　　黄川田洋志、井上菜奈美、藤本麻衣、田中ひさえ、岡村佳奈
イラスト／丸口洋平
写　真／黒田史夫
編　集／佐久間一彦、松川亜樹子（ライトハウス）

クイズでスポーツがうまくなる
知ってる？ ハンドボール
2016年8月10日　第1版第1刷発行

著　者／水野裕矢
　　　　みずのゆうや
発 行 人／池田哲雄
発 行 所／株式会社ベースボール・マガジン社
　　　　　〒103-8482
　　　　　東京都中央区日本橋浜町2-61-9 TIE浜町ビル
　　　　　電話　　03-5643-3930（販売部）
　　　　　　　　　03-5643-3885（出版部）
　　　　　振替口座　00180-6-46620
　　　　　http://www.sportsclick.jp/

印刷・製本／広研印刷株式会社

©Yuya Mizuno 2016
Printed in Japan
ISBN 978-4-583-10962-6 C2075

＊定価はカバーに表示してあります。
＊本書の文章、写真、図版の無断転載を禁じます。
＊本書を無断で複製する行為（コピー、スキャン、デジタルデータ化など）は、私
　的使用のための複製など著作権法上の限られた例外を除き、禁じられています。
　業務上使用する目的で上記行為を行うことは、使用範囲が内部に限られる場合で
　あっても私的使用には該当せず、違法です。また、私的使用に該当する場合であっ
　ても、代行業者等の第三者に依頼して上記行為を行うことは違法になります。
＊落丁・乱丁が万一ございましたら、お取り替えいたします。